智中
库社 地方智库报告
Local Think Tank

昆明社会治理现代化指数报告
（2022）

鲍宗豪◎著

中国社会科学出版社

图书在版编目（CIP）数据

昆明社会治理现代化指数报告.2022 / 鲍宗豪著 . —北京：中国社会
科学出版社，2023.8
　（地方智库报告）
　ISBN 978 - 7 - 5227 - 2086 - 9

　Ⅰ.①昆…　Ⅱ.①鲍…　Ⅲ.①社会管理—现代化管理—研究
报告—昆明—2022　Ⅳ.①D677.41

　中国国家版本馆 CIP 数据核字（2023）第 112714 号

出 版 人	赵剑英
责任编辑	党旺旺
责任校对	夏慧萍
责任印制	王　超

出　　版	中国社会科学出版社
社　　址	北京鼓楼西大街甲 158 号
邮　　编	100720
网　　址	http://www.csspw.cn
发 行 部	010 - 84083685
门 市 部	010 - 84029450
经　　销	新华书店及其他书店

印　　刷	北京明恒达印务有限公司
装　　订	廊坊市广阳区广增装订厂
版　　次	2023 年 8 月第 1 版
印　　次	2023 年 8 月第 1 次印刷

开　　本	787×1092　1/16
印　　张	10.5
插　　页	2
字　　数	138 千字
定　　价	59.00 元

凡购买中国社会科学出版社图书，如有质量问题请与本社营销中心联系调换
电话：010 - 84083683

《昆明社会治理现代化指数报告(2022)》
编审委员会

编　委　会：林　华　王　兵　陈　尧　鲍宗豪

主　　　编：鲍宗豪

副　主　编：向　昆　汪斌锋

撰　稿　人：(按姓氏笔画排序)

王　欢　史月明　李少春　李铁骥

宋　婕　陈欣悦　胡荣贵　顾海贝

唐统孝　诸俊凯　夏宇果　钱　亮

黄新强　鲍　琳

数　学　建　模：陆元鸿

封　面　照　片：王正鹏

序　言

征程万里风正劲，奋楫扬帆再出发。昆明市围绕"要不断增强边疆民族地区治理能力"，全面推进社会主义现代化建设的奋斗目标，聚焦社会治理体系和治理能力现代化，动态分析就业、收入分配、教育、社保、医疗、住房、养老、扶幼等各方面发展质量，编著《昆明社会治理现代化指数报告（2022）》。

本书围绕社会治理体系和治理能力现代化研究昆明社会治理，在全国首次提出"市域社会治理现代化综合指数"体系，并从社会活力、社会服务、社会环境"三大维度"，优选出符合社会治理现代化特征的"人口平均预期寿命""人均可支配收入""教育经费支出"等 44 项指标。在此基础上，运用主成分数学建模方式，既与全国平均水平和 27 个省会城市进行比较分析，又与曼谷、雅加达、新加坡等 24 个东南亚城市，以及新德里、孟买、伊斯兰堡等 13 个南亚城市进行比较分析，全面真实呈现昆明社会治理的现状、优势和短板弱项。

本书还在全国率先探索提出"县域社会治理现代化指数"体系。按照数据普遍适用、有统计口径、可量化评估之原则，优选出能客观反映基层社会治理特点和效能的 21 项指标，全面系统分析昆明市所辖县（市）区、开发（度假）区社会治理现代化指数。一方面，从纵向上计算出各县（市）区、开发（度假）区 2019—2021 年的综合进步指数，另一方面，从横向上与全国东部、中部、西部、东北部省会城市所辖的 112 个县（市）

指标进行比较分析，进而从整体上综合研判昆明县域社会治理现代化的发展方位和努力方向。

行之力则知愈进，知之深则行愈达。昆明市将更加积极地服务和融入新发展格局，不断增强"比"的劲头、"学"的热情、"赶"的动力、"超"的追求，把"长板"拉长、"短板"补齐、"底板"筑牢，奋力书写新时代社会治理"昆明答卷"。

目　　录

第一章　加快推进社会治理现代化的昆明之治 ……………（1）

一　2022 年昆明推进市域社会治理现代化的水平 ………（1）

二　2022 年昆明县域社会治理现代化水平 ……………（3）

三　2022 年昆明与南亚东南亚区域主要城市的社会
　　治理现代化水平比较 ……………（6）

第二章　昆明市域社会治理现代化综合指数 ……………（11）

一　昆明市域社会治理现代化综合指数分析 ……………（11）

二　昆明市域"社会活力"现代化分指数分析 ……………（13）

三　昆明市域"社会服务"现代化分指数分析 ……………（20）

四　昆明市域"社会环境"现代化分指数分析 ……………（34）

第三章　昆明社会治理现代化分指数分析 ……………（42）

一　昆明"社会活力"现代化分指数分析 ……………（42）

二　昆明"社会服务"现代化分指数分析 ……………（54）

三　昆明"社会环境"现代化分指数分析 ……………（58）

第四章　昆明县域社会治理现代化指数 ……………（62）

一　昆明县域社会治理现代化综合指数 ……………（62）

二　昆明县域"社会活力"现代化指数分析 ……………（67）

三　昆明县域"社会服务"现代化指数分析…………（77）

四　昆明县域"社会环境"现代化指数分析…………（84）

第五章　昆明县域社会治理现代化进步指数 ……………（93）
　　一　昆明县域社会治理现代化综合进步指数 …………（93）
　　二　昆明县域社会活力现代化进步指数 ………………（98）
　　三　昆明县域社会服务现代化进步指数 ………………（101）
　　四　昆明县域社会环境现代化进步指数 ………………（104）

第六章　昆明县域社会治理现代化水平比较分析 ………（107）
　　一　昆明与东部地区省会城市下辖的县（市）
　　　　比较 ……………………………………………………（107）
　　二　昆明与中部地区省会城市下辖的县（市）
　　　　比较 ……………………………………………………（116）
　　三　昆明与西部地区省会城市下辖的县（市）
　　　　比较 ……………………………………………………（123）
　　四　昆明与东北地区省会城市下辖的县（市）
　　　　比较 ……………………………………………………（135）

第七章　昆明与南亚、东南亚国家社会治理现代化
　　　　比较………………………………………………………（142）
　　一　人口密度比较…………………………………………（142）
　　二　GDP、人均 GDP 比较 ………………………………（143）
　　三　人均预期寿命、每年人口增长率比较 ……………（145）
　　四　空气中不足 2.5 微米的颗粒物（PM2.5）含量
　　　　比较………………………………………………………（148）
　　五　森林覆盖率比较 ………………………………………（149）
　　六　失业率比较………………………………………………（150）
　　七　2021 年每千人口执业医师数、每千人口医疗
　　　　卫生机构床位数比较 …………………………………（152）

八　对昆明社会治理现代化的建议 ……………………（153）

参考文献 ………………………………………………（155）

第一章　加快推进社会治理现代化的昆明之治

党的二十大报告强调，全面建成社会主义现代化强国战略安排分两步走："从 2020 年到 2035 年基本实现社会主义现代化；从 2035 年到本世纪中叶把我国建成富强民主文明和谐美丽的社会主义现代化强国。"社会治理现代化要围绕这一战略目标，发挥积极作用。从 2022 年始，昆明市开展"当好排头兵"大讨论大竞赛活动，明确工作任务，推动全市各地各部门和全体干部职工进一步激发干劲、奋发攻坚、争创一流。

持续推进昆明社会治理现代化，就要把握当下昆明社会治理现代化的水平。昆明社会治理现代化水平，既要纵向比较，与自身近三年的 2019 年、2020 年、2021 年进行对比分析（本书第三、第五章的进步指数分析）；又要横向比较，与全国平均水平、与其他省会城市、与南亚东南亚主要城市比较。通过纵向和横向的比较，才可以把握昆明年度社会治理现代化水平及其发展趋势。

一　2022 年昆明推进市域社会治理现代化的水平

从 2022 年昆明社会治理与全国省会城市的比较，昆明下辖县（市）区与全国省会城市下辖县（市）区的比较，判断昆明社会治理现代化推进的年度水平。

1. 昆明市域社会治理现代化水平不断提高

2022 年，昆明市域社会治理指数运用 44 个指标，经过计算后，昆明市域社会治理综合指数得分为 83.26 分。昆明市域社会治理综合指数 2019 年得分为 81.46 分，2020 年得分为 82.78 分，2021 年得分为 83.26 分，年度综合指数得分持续上升。昆明市域社会治理综合指数得分以 2019 年为基础进行比较，2020 年社会治理综合指数得分较 2019 年提升了 1.62%，2021 年社会治理综合指数得分较 2019 年提升了 2.21%。

2. 昆明市域社会治理现代化若干指标优于全国的水平

第一，2019—2021 年昆明的人均地区生产总值比人均国内生产总值分别高出 9226 元、8584 元、4170 元。昆明的人均地区生产总值年均增长率为 3.45%。

第二，社会治理现代化的重要指标之一，人口城镇化率不仅高于全国平均水平，而且高于周边城市。2019—2021 年，全国常住人口城镇化率分别为 60.6%、63.9%、64.72%；昆明的常住人口城镇化率分别为 77.97%、79.67%、80.50%，分别比同年全国水平高出 17.37 个百分点、15.77 个百分点、15.78 个百分点；昆明市 2021 年常住人口城镇化率为 80.50%，与西南地区的贵阳、成都、重庆相比，分别高出 0.43 个百分点、1 个百分点、10.18 个百分点，与华南地区的南宁相比，高出 10.71 个百分点。

第三，反映社会治理现代化重要特点的指标：城镇居民与农村居民人均可支配收入均高于全国平均水平。2019—2021 年昆明的城镇居民人均可支配收入比全国分别高出 0.39302 万元、0.41842 万元、0.5111 万元；昆明农村居民人均可支配收入分别为：1.6356 万元、1.7719 万元、1.9507 万元；与全国农村居民人均可支配收入的比较，2019 年高出 0.03353 万元、2020 年高出 0.05875 万元、2021 年高出 0.0576 万元。

第四，反映社会治理现代化民生保障能力和水平的"医疗卫生机构床位数"和"每千人拥有执业医师数"，连续 3 年高于全国平均水平。2019—2021 年，昆明的每千人口医疗卫生机构床位数分别为 9.22 张、7.76 张、7.65 张，与全国每千人口医疗卫生机构床位数比较，分别高出 2.92 张、1.3 张、0.88 张；2019—2021 年，昆明的每千人拥有执业医师数，分别为 4.57 人、3.96 人、4.02 人，比全国每千人拥有执业医师数分别高出 1.8 人、1.06 人、1 人。

第五，反映社会治理现代化"人与自然和谐共生"重要特点的指标：生活垃圾无害化处理率连续 3 年高于全国平均水平。2019—2021 年，昆明的生活垃圾无害化处理率均为 100%；与全国生活垃圾无害化处理率比较，分别高了 0.8%、0.3%、0.1%。

另外，2019—2021 年，昆明的食品监测抽检合格率分别为 98.22%、98.48%、98.35%，与全国食品监测抽检合格率比较，分别高出 0.62%、0.79%、1.04%。

二　2022 年昆明县域社会治理现代化水平

截至 2022 年 12 月，中国仍有 5 亿多人口在农村，农村人口占全国人口比例为 36.11%。昆明市从 2020 年就开始其下辖县域社会治理现代化水平的评估研究，以更全面、更深入、更精确把握昆明县域社会治理现代化水平。2022 年，昆明的县域社会治理现代化不仅与自己比，而且与全国各地区省会城市下辖的县（市）区比。

1. 与东部地区省会城市下辖县（市）的比较

东部地区共计 6 个省会城市下辖 25 个县（市），分别为河北省石家庄市下辖的 13 个县（市）、浙江省杭州市下辖的 3 个县（市）、福建省福州市下辖的7个县（市）、山东省济南市下辖的2个县（市）。

第一，昆明的地区生产总值。安宁市为第4名，宜良县为第15名，嵩明县为第19名，禄劝县为第21名，寻甸县为第23名，石林县为第26名，富民县为第28名，昆明市的7个县（市）中，除了安宁市排名比较靠前以外，其余6个县与东部地区省会城市下辖的25个县（市）相比，均处于中等偏下水平。

第二，昆明的医疗卫生机构床位数。安宁市为第2名，寻甸县为第3名，禄劝县为第7名，宜良县为第12名，嵩明县为第14名，石林县为第21名，富民县为第32名，昆明市的7个县（市）中，安宁市和寻甸县排名分列第2、3名，与东部地区下辖的25个县（市）相比处于领先水平，禄劝县、宜良县和嵩明县处于中等偏上水平，石林县处于中等偏下水平，排名最低的富民县处于倒数第1名的水平。

2. 与西部地区其他省会城市下辖县（市）的比较

西部地区除了昆明市以外，共计10个省会城市下辖50个县（市），分别为：内蒙古自治区呼和浩特市下辖的5个县（旗）、广西壮族自治区南宁市下辖的5个县（市）、重庆市下辖的12个县（市）、四川省成都市下辖的8个县（市）、贵州省贵阳市下辖的4个县（市）、西藏自治区拉萨市下辖的5个县（市）、陕西省西安市下辖的2个县（市）、甘肃省兰州市下辖3个县（市）、宁夏回族自治区银川市下辖的3个县（市）（其中代管1个县级市）、新疆维吾尔自治区乌鲁木齐市下辖的1个县（市）、青海省西宁市下辖的2个县（市）。

昆明的地区生产总值：安宁市为第1名，宜良县为第21名，嵩明县为第31名，禄劝县为第32名，寻甸县为第33名，石林县为第39名，富民县为第43名，昆明市的7个县（市）中，除了安宁市排名第1名，与西部地区其他省会城市下辖的50个县（市）相比处于领先水平，宜良县排名第21名，处于中等偏上水平以外，其余5个县均处于中等偏下水平。

3. 与东北地区省会城市下辖县（市）的比较

东北地区共计3个省会城市下辖16个县（市），分别为：辽宁省沈阳市下辖的3个县（市）、吉林省长春市下辖的4个县（市）（其中代管3个县级市）和黑龙江省哈尔滨市下辖的9个县（市）。

第一，昆明的地区生产总值。安宁市为第1名，宜良县为第8名，嵩明县为第12名，禄劝县为第13名，寻甸县为第14名，石林县为第16名，富民县为第19名，昆明市的7个县（市）中，除了安宁市排名第1名，与东北地区省会城市下辖的16个县（市）相比处于领先水平，宜良县排名第8名，处于中等偏上水平以外，其余5个县均处于中等偏下水平。

第二，昆明的居民储蓄存款余额。安宁市为第7名，宜良县为第9名，嵩明县为第13名，寻甸县为第15名，石林县为第18名，禄劝县为第19名，富民县为第22名，昆明市的7个县（市）中，安宁市和宜良县分别排名第7名和第9名，与东北地区省会城市下辖的16个县（市）相比处于中等偏上水平，嵩明县、寻甸县、禄劝县和石林县处于中等偏下水平，富民县排名最低，处于倒数第2名的水平。

第三，昆明的医疗卫生机构床位数。安宁市为第3名，寻甸县为第6名，禄劝县为第9名，宜良县为第10名，嵩明县为第12名，石林县为第15名，富民县为第23名，昆明市的7个县（市）中，安宁市和寻甸县分别排名第3名和第6名，与东北地区省会城市下辖的16个县（市）相比处于领先水平，禄劝县和宜良县处于中等偏上水平，嵩明县和石林县处于中等偏下水平，只有富民县水平最低，排名倒数第1名。

三　2022 年昆明与南亚东南亚区域主要城市的社会治理现代化水平比较

通过昆明与南亚东南亚主要城市社会治理若干指标的比较，分析判断昆明要建设面向南亚东南亚区域中心城市每年度所达到的现代化水平。

1. 昆明与南亚东南亚主要城市相比现有的优势

第一，昆明的区位优势。就地理条件来看，云南地处祖国的西南边陲，属于边境省份，与缅甸、老挝、越南 3 个东南亚国家接壤。早在 2009 年，昆明就被英国媒体评价为"中国最具潜力"城市、下一个"上海"。昆明的地理位置的确很特殊，它地处中国西南地区、云贵高原中部，东连黔桂通沿海，北经川渝进中原，南下越老达泰柬，西接缅甸连印巴。是中国面向东南亚与南亚的"桥头堡"城市。昆明是中国面向东南亚、南亚开放的门户城市，位于东盟"10 + 1"自由贸易区经济圈、大湄公河次区域经济合作圈、泛珠三角区域经济合作圈的交汇点。作为新兴的十字路口，昆明正吸引着越来越多的外国人来到这里。可以说，昆明不仅是中国西南，更是东南亚、南亚国际性的大都市。

第二，昆明是中国和东南亚地区国家的中转枢纽。云南出境铁路有 5 条，被概括为"五出境"。五出境铁路中，泛亚铁路西线有三条，分别是：瑞丽出缅甸、清水河出缅甸，还有中缅印通道，最主要的是中缅铁路；其余的 2 条是中老铁路和中越铁路。

截至 2021 年，中国昆明为起点的"泛亚公路"建设取得成功。早在 2015 年，除了中越公路之外，中缅公路也一样实现高等级化。随着陆地和水运交通体系的成功建设，云南的乘用车制造业开始从无到有；2018 年，江铃集团规划总产能 10 万辆的汽车城在昆明拔地而起。

除了陆地和水运交通之外，昆明在空中运输方面同样取得了不错的成绩。与各国联通最为密切的是昆明长水国际机场，长水国际机场位于云南省昆明市官渡区长水村，距城区 24.5 千米，为 4F 级民用运输机场，成为全球百强机场之一，2021 年开通航线 309 条，其中国内航线 290 条，国际航线 19 条。昆明长水国际机场作为中国八大区域枢纽机场、国际航空枢纽，也是中国国家门户枢纽机场，成了中国和东南亚地区国家的中转枢纽。

第三，昆明的国际影响力。昆明市处于中国—东盟自由贸易区、大湄公河次区域、泛珠三角经济圈"三圈"交汇点，是中国面向南亚东南亚开放的重要枢纽。

（1）昆明已成为国际交往中心。昆明与世界 203 个国家（地区）有贸易往来，与南亚东南亚国家正式缔结友城的数量稳居全国第一。"朋友圈"好友越来越多，那么昆明在"朋友""邻居"眼里是什么形象？

2022 年 10 月 11—15 日，云南省在昆明举行联合国《生物多样性公约》第十五次缔约方大会（COP15）第一阶段会议，来自 140 多个缔约方及 30 多个国际机构和 5000 多位代表通过线上和线下结合方式参会。2022 年 12 月 1 日举行了第二阶段会议。

在 2021 年 1—11 月，有关昆明的海外新闻报道共 9871 条，其中，南亚东南亚国家对昆明的相关报道 1176 条，占 11.91%，这与 COP15 大会在昆明召开密不可分。近两年最热的新闻热词当数"云南大象"。

（2）医疗辐射中心。东盟"10＋1"中老边境医疗卫生服务合作项目取得良好成效，中国（云南）自由贸易试验区昆明片区、红河片区、德宏片区区域性国际诊疗保健合作中心挂牌成立，对老挝、缅甸等国的跨境健康服务辐射能力日益增强，开始打造立足云南、面向南亚东南亚的医疗健康服务辐射中心。

2. 2022 年昆明与东南亚主要城市社会治理现代化水平的比较

第一，昆明与 24 个东南亚城市相比，在 29 项指标中共有 9 项指标排在首位，其中主要有以下 3 条指标。

（1）每千人拥有执业医师数。昆明的"每千人拥有执业医师数"为 4.02 人。胡志明市排在第 6 位，为 1.99 人，比昆明少 2.03 人；新加坡排在第 3 位，为 2.5 人，比昆明少 1.52 人。

（2）大型运动设施（体育馆、运动场）数量。昆明的"大型运动设施（体育馆、运动场）数量"为 17 个。曼谷排在第 2 位，为 5 个，比昆明少 12 个；新加坡排在第 7 位，为 1 个，比昆明少 16 个。

（3）航空线路数。昆明的"航空线路数"为 275 条。曼谷排在第 2 位，为 183 条，比昆明少 92 条；新加坡排在第 3 位，为 121 条，比昆明少 154 条；胡志明市排在第 7 位，为 68 条，比昆明少 207 条。

第二，昆明与 24 个东南亚城市相比，有 5 项指标排在后 5 位，其中主要有以下 2 项指标。

（1）基尼系数。基尼系数是判断收入分配公平程度的指标。当基尼系数为 0 时，代表该地区的收入分配完全平等，基尼系数越大代表收入分配越不平等。昆明的基尼系数为 0.4308，在 7 个城市中排在第 5 位。比排在首位的雅加达高 0.1608，比排在末位的曼谷低 0.0492。

（2）国外领事馆数量。昆明的"国外领事馆数量"为 7 个，排在倒数第 2 位。雅加达排在第 1 位，为 145 个，比昆明多 138 个。

3. 2022 年昆明与南亚主要城市社会治理现代化水平的比较

第一，昆明与 13 个南亚城市相比，在 29 项指标中共有 13 项指标排在第 1 位，其中主要有以下 3 项指标。

（1）人均 GDP。昆明的"人均 GDP"为 9.4 万元。孟买排在第 2 位，为 8 万元，比昆明少 1.4 万元；新德里排在第 10 位，为 4.38 万元，比昆明少 5.02 万元。

（2）人均月收入。昆明的"人均月收入"为 8988.83 元。孟买排在第 4 位，为 4889.71 元，比昆明少 4099.12 元；伊斯兰堡排在第 11 位，为 1724.74 元，比昆明少 7264.09 元。

（3）森林覆盖率。昆明的"森林覆盖率"为 52.62%。新德里排在第 6 位，为 12.61%，比昆明少 40.01%；伊斯兰堡排在第 10 位，为 2.6%，比昆明少 50.02%。

此外，昆明还有 8 项指标排在前 6 位，包括"每千人口医疗卫生机构床位数""空气质量指数""大学数量"等。

第二，昆明与 13 个南亚城市相比，有 6 项指标排在后 5 位，其中主要有以下 3 项指标。

（1）每年人口增长率。昆明的"每年人口增长率"为 1.54%，排在倒数第 3 位。卡拉奇排在第 1 位，为 5%，比昆明高 3.46%。

（2）国外领事馆数量。昆明的"国外领事馆数量"为 7 个，排在倒数第 3 位。新德里排在第 1 位，为 145 个，比昆明多 138 个。

（3）全球城市综合排名。全球城市综合排名由科尔尼咨询公司（Kearney）联合国际顶级学者与智库机构联合发起。报告基于对超过 150 个城市的事实和公开数据深入分析，旨在对全球各城市的国际竞争力与发展潜力进行系统评估。昆明为 2021 年新增的入选城市，同时 13 个南亚城市中有 8 个城市进入榜单。

　　昆明在"全球城市综合排名"中排第 134 名，在入榜的 9
个城市中排在倒数第 2 位。孟买排在第 1 位，为第 62 名，领先
昆明 72 名。

第二章　昆明市域社会治理现代化综合指数

昆明在贯彻落实党的二十大精神过程中，对标习近平总书记对云南提出的"一个跨越""三个定位"重要指示，以及云南省委对昆明提出的"当好全省经济社会发展排头兵"的工作要求，全面贯彻新发展理念，主动服务和融入国家发展战略，不断提高昆明社会治理现代化水平。

一　昆明市域社会治理现代化综合指数分析

2022年昆明市域社会治理现代化综合指数的计算，在继续沿用2017年以来构建的评价昆明市域社会治理现代化指数评价体系的同时，对其中个别指标作了调整，将原先的46个指标优化为44个指标，再通过《国家统计年鉴》采集数据（包括昆明市相关部门提供的最新指标数据），运用主成分数学建模，计算了2022年昆明市域社会治理现代化综合指数以及三类分指数的得分。

1. 昆明市域社会治理现代化综合指数得分

2022年昆明社会治理现代化指数运用44个指标，采集2021年数据，经过计算，昆明社会治理现代化综合指数得分为

83.26分。

2. 昆明市域社会治理现代化指数变动情况

2019—2021年，昆明市通过对"社会活力""社会服务""社会环境"三个维度，44个指标的数据主成分建模，计算分析得出3年的综合得分，具体得分变动情况如下。

昆明市社会治理综合指数2019年得分为81.46分，2020年得分为82.78分，2021年得分为83.26分，年度综合指数得分持续上升（见图2-1）。

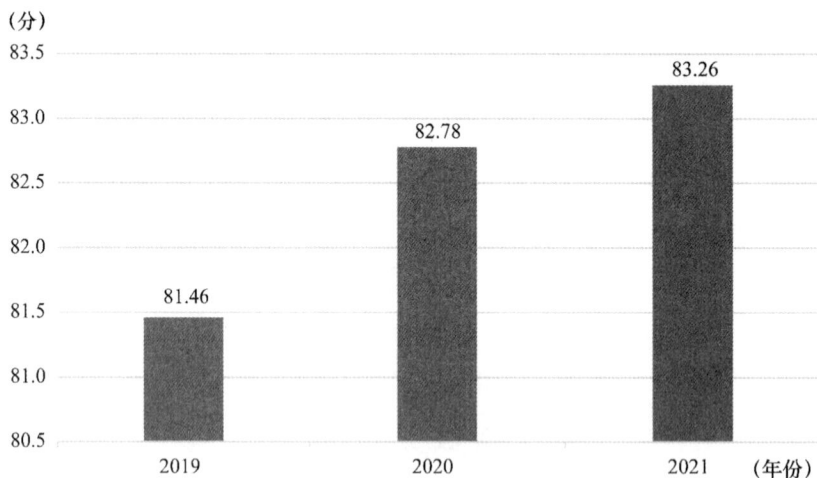

图2-1　昆明市社会治理综合指数得分

昆明市社会治理综合指数得分在2019—2021年呈稳步上升趋势。以2019年为基础进行比较，2020年社会治理综合指数得分较2019年提升了1.62%，2021年社会治理综合指数得分较2019年提升了2.21%（见图2-2）。

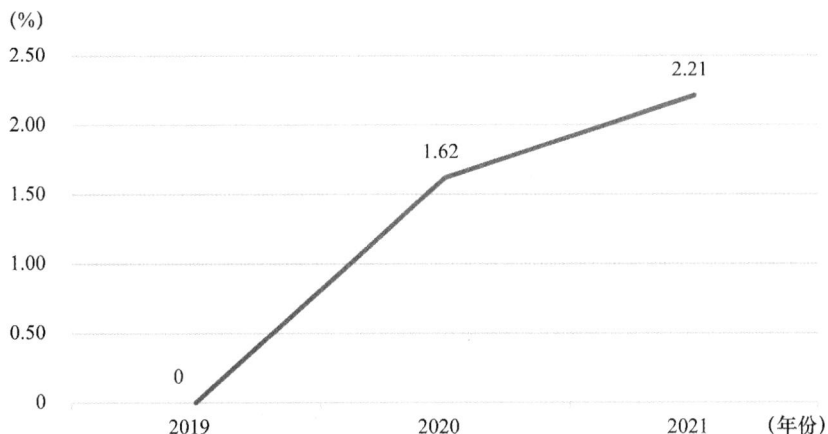

图 2 - 2　昆明市社会治理综合指数增长率

二　昆明市域"社会活力"现代化分指数分析

"社会活力"是市域（县域）社会治理现代化的内在动力，反映昆明创新社会治理的绩效，展示了昆明市域（县域）社会治理现代化不断提升的生机与活力。

1. 昆明"社会活力"分指数得分

昆明社会治理现代化活力分指数通过 4 个层面 11 个指标，采集 2021 年数据，经计算，2022 年昆明市社会活力分指数得分为 88.74 分。

2. 昆明"社会活力"分指数变动情况

昆明市社会活力分指数的 4 个层面 11 个指标如下。

第一个层面：1 个指标，即"人口平均预期寿命（岁）"。

这是一个城市、一个地区经济和社会发展水平的综合标志，人口平均预期寿命高，标志着该地区更具有可持续发展的活力，如 2019 年日本人均预期寿命已达到 84.2 岁，这反映了日本作为发达国家较高的经济社会发展水平及其生活质量。

昆明市"人口平均预期寿命（岁）"在 2019—2021 年呈逐年小幅增长趋势。2019 年为 79.41 岁，2020 年为 80.04 岁，较

2019 年增长 0.63 岁，2021 年为 80.05 岁，较 2019 年增长 0.64 岁，高于全国、全省平均水平（见图 2-3）。

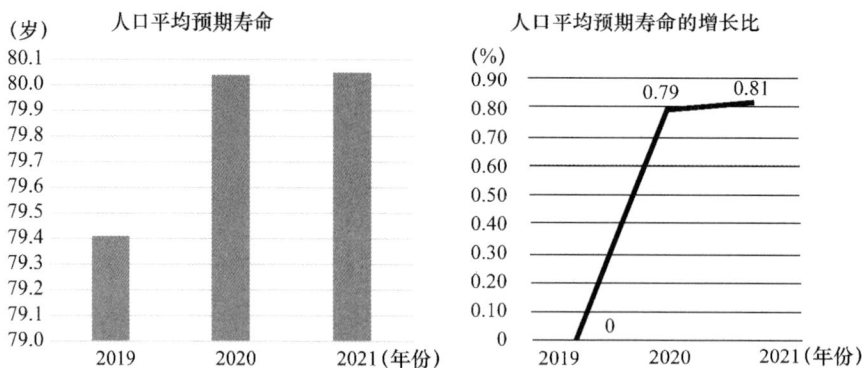

图 2-3　昆明市人口平均预期寿命及增长

第二个层面：2 个指标，分别是"人均地区生产总值（万元）""常住人口城镇化率（%）"，反映该地区的经济发展水平以及城市化水平。

1. 人均地区生产总值

昆明市"人均地区生产总值（万元）"在 2019—2021 年呈快速增长趋势。2019 年为 7.9757 万元，2020 年为 8.0584 万元，较 2019 年的 7.9757 万元增长了 1.04%，2021 年为 8.5146 万元，较 2019 年增长了 6.76%（见图 2-4）。

2. 常住人口城镇化率

昆明市"常住人口城镇化率（%）"在 2019—2021 年呈逐年增长的趋势，2019 年为 77.97%，2020 年为 79.67%，相比上一年增长了 2.18%，2021 年为 80.50%，相比 2019 年增长了 3.24%（见图 2-5），比全国 2021 年的平均城市化率 64.72%，要高出 15.78%。

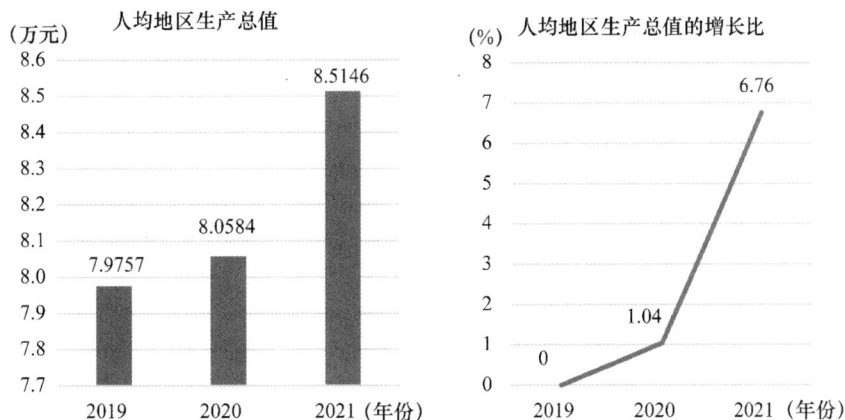

图 2-4　昆明市人均地区生产总值的增长

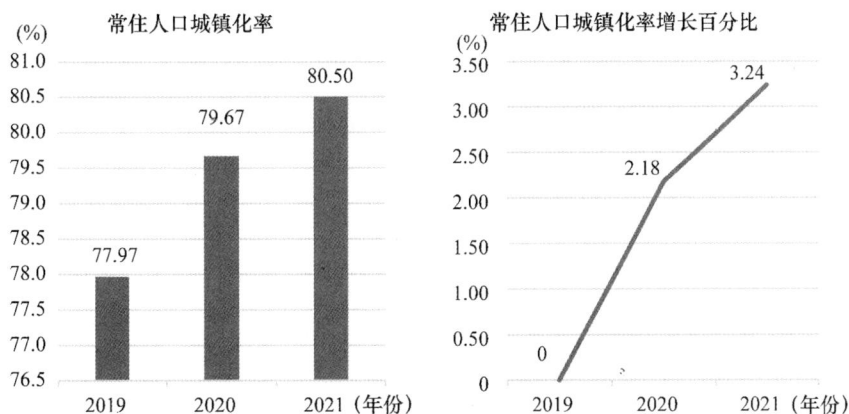

图 2-5　昆明市常住人口城镇化率的增长

第三个层面：2 个指标，即"城镇居民人均可支配收入（万元）""农村居民人均可支配收入（万元）"。这两个指标反映一个城市、一个地区经济发展的绩效是否能惠及人民，人民能否分享经济发展的成果；城镇居民、农村居民人均可支配收入水平的提高又在一定程度上标示着一个城市、一个地区经济发展的水平、发展的后劲。

1. 城镇居民人均可支配收入

昆明市"城镇居民人均可支配收入（万元）"在 2019—

2021 年呈逐年增长趋势。2019 年为 4.6289 万元，2020 年为 4.8018 万元，较 2019 年增长了 3.74%，2021 年为 5.2523 万元，较 2019 年增长了 13.47%（见图 2-6）。

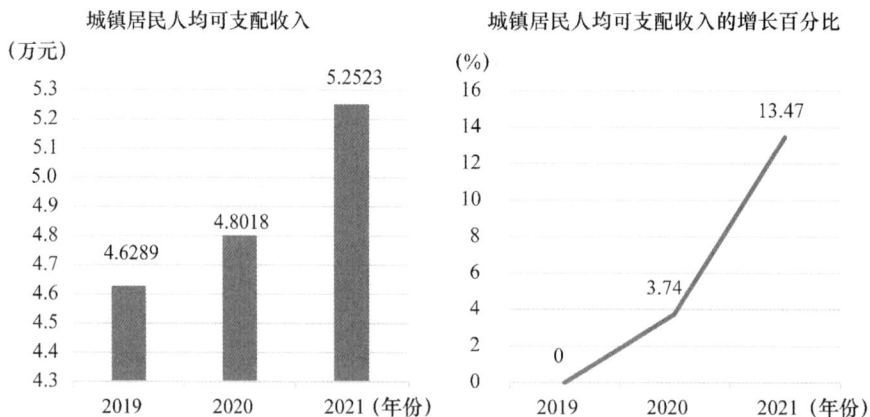

城镇居民人均可支配收入

城镇居民人均可支配收入的增长百分比

图 2-6 昆明市城镇居民人均可支配收入的增长

2. 农村居民人均可支配收入

昆明市"农村居民人均可支配收入（万元）"在 2019—2021 年呈直线增长趋势。2019 年为 1.6356 万元，2020 年为 1.7719 万元，较 2019 年增长了 8.33%，2021 年为 1.9507 万元，较 2019 年增长了 19.27%（见图 2-7）。

第四个层面：6 个指标，即"政府向社会组织购买服务金额占财政支出的比重（%）""每万人口拥有助理社工师及以上社会工作专业人才（人）""每万人拥有社会组织数量（个）""注册志愿者人数占本地常住人口数比例（%）""有志愿服务时间记录的志愿者人数占注册志愿者总人数的比例（%）""每十万人慈善捐款数（元）"。这是一个城市、一个地区的社会文明程度的重要反映。

1. 政府向社会组织购买服务金额占财政支出的比重

昆明市"政府向社会组织购买服务金额占财政支出的比重（%）"在 2019—2021 年持续上升。2019 年为 1.22%，2020 年

农村居民人均可支配收入

农村居民人均可支配收入的增长百分比

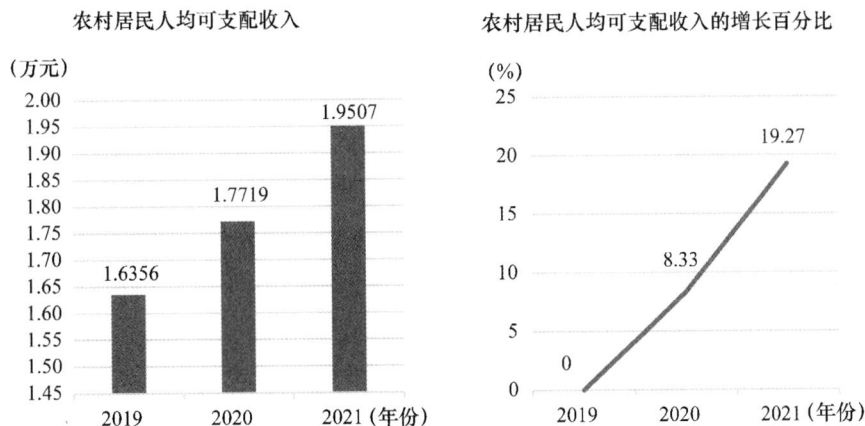

图 2 - 7 昆明市农村居民人均可支配收入的增长

为 2.18%，较 2019 年增长了 78.69%，2021 年为 2.46%，较 2019 年大幅增长 101.64%（见图 2 - 8）。

政府向社会组织购买服务金额占财政支出的比重

政府向社会组织购买服务金额占财政支出比重的增长百分比

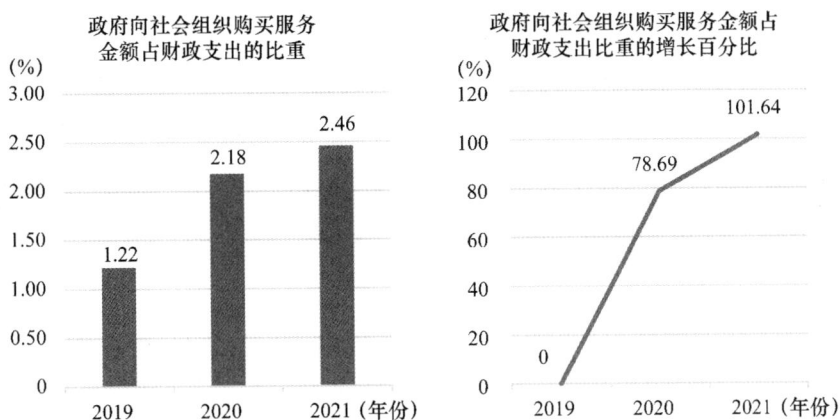

图 2 - 8 昆明市政府向社会组织购买服务金额占财政支出比重的增长

2. 每万人口拥有助理社工师及以上社会工作专业人才

昆明市"每万人口拥有助理社工师及以上社会工作专业人才（人）"在 2019—2021 年呈直线增长趋势。2019 年为 3.3 人，2020 年为 4.6 人，较 2019 年增长了 39.39%，2021 年为 5.8 人，较 2019 年增长了 75.76%，逐年上升的速度非常明显，由此可见，昆明市在社会工作专业人才的培训和招募方面取得了较大的成绩（见图2-9）。

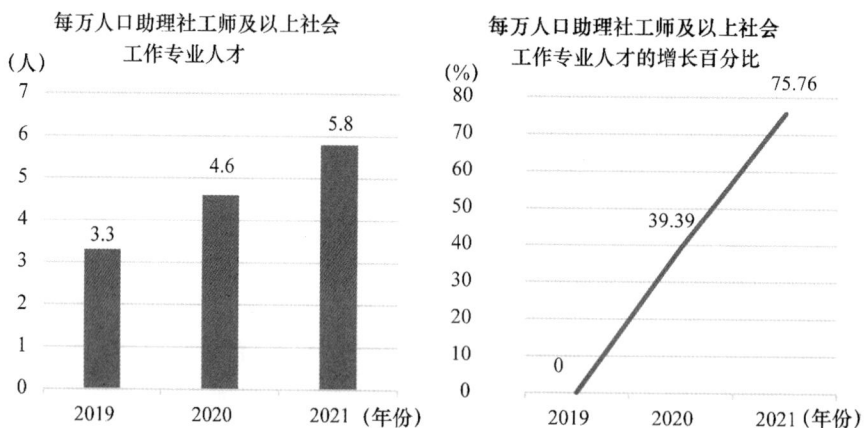

图2-9　昆明市每万人口助理社工师及以上社会工作专业人才的增长

3. 每万人拥有社会组织数量

昆明市"每万人拥有社会组织数量（个）"在2019—2021年呈直线增长趋势，2019年为7.61个、2020年为7.92个，较2019年增长了4.07%，2021年为8.28个，较2019年增长8.80%（见图2-10）。

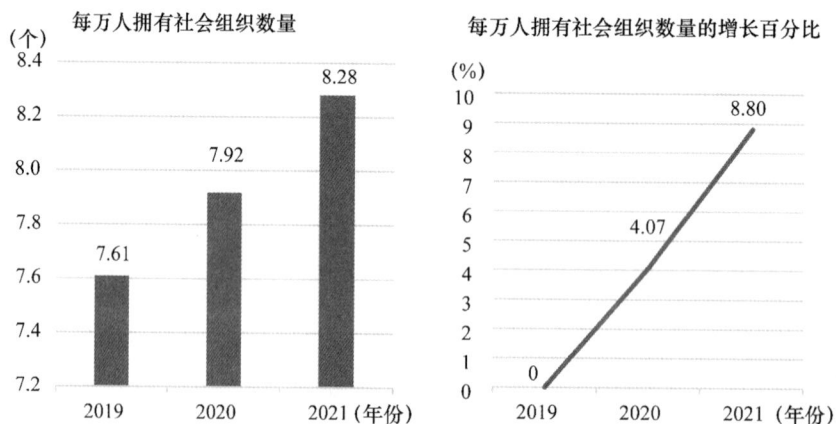

图2-10　昆明市每万人拥有社会组织数量的增长

4. 注册志愿者人数占本地常住人口数比例

昆明市"注册志愿者人数占本地常住人口数比例（％）"在2019—2021年呈先上升后下降的趋势，2019年为16.48％，2020年达到18.10％，较2019年增长了9.83％，2021年为17.57％，较2019年增长了6.61％（见图2－11）。

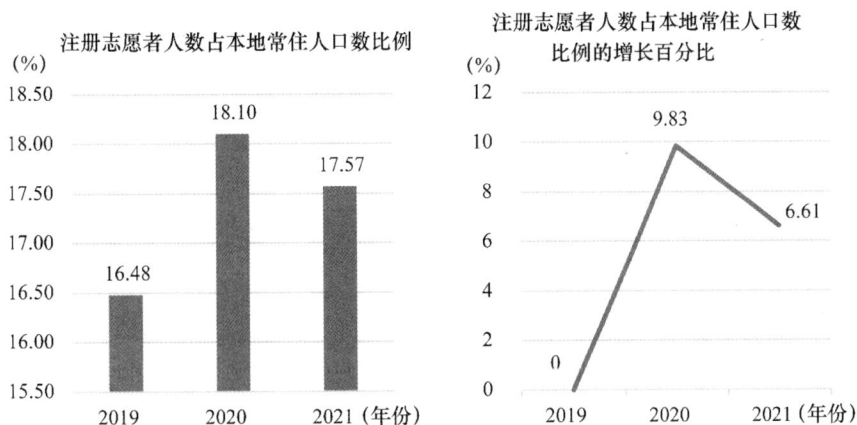

图2－11　昆明市注册志愿者人数占本地常住人口数比例的增长

5. 有志愿服务时间记录的志愿者人数占注册志愿者总人数的比例

昆明市"有志愿服务时间记录的志愿者人数占注册志愿者总人数的比例（％）"在2019—2021年呈逐年缓慢下降趋势。2019年为68.35％，2020年为67.70％，较2019年减少了0.95％；2021年为66.67％，较2019年减少了2.46％（见图2－12）。

6. "每十万人慈善捐款数"

昆明市"每十万人慈善捐款数（元）"在2019—2021年呈大幅增长趋势。2019年为10595.67元，2020年为12472.07元，较2019年增长了17.71％；2021年为36177.00元，较2019年大幅增长了241.43％（见图2－13）。

有志愿服务时间记录的志愿者人
数占注册志愿者总人数的比例
(%)

有志愿服务时间记录的志愿者人
数占注册志愿者总人数的比例的
增长百分比
(%)

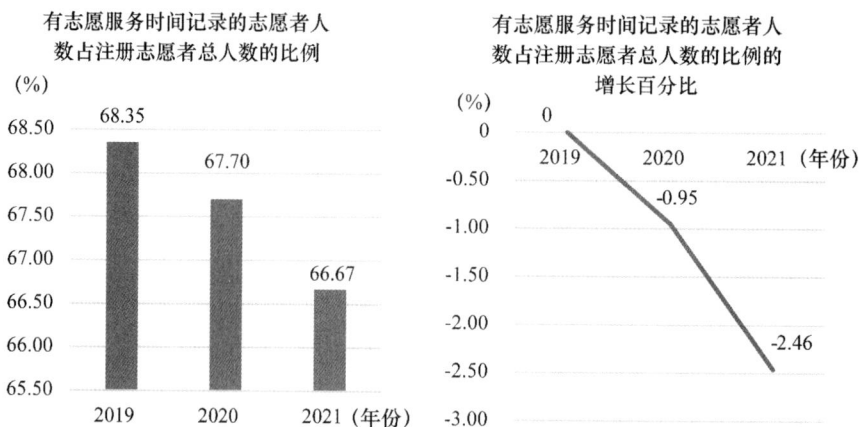

图 2-12　昆明市有志愿服务时间记录的志愿者人数占注册
志愿者总人数的比例的增长

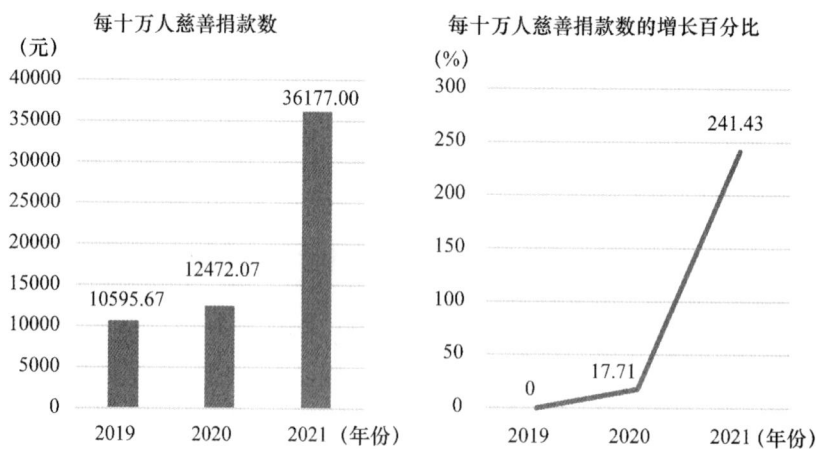

每十万人慈善捐款数
（元）

每十万人慈善捐款数的增长百分比
(%)

图 2-13　昆明市每十万人慈善捐款数的增长

三　昆明市域"社会服务"现代化分指数分析

　　昆明市域（县域）的"社会服务"指数，直接反映民生福祉的改善程度，体现民生的幸福感、归属感。

　　1. 昆明"社会服务"分指数得分

　　昆明社会治理现代化服务分指数通过 6 个层面 22 个指标，

采集 2021 年数据，经计算，2022 年昆明社会治理现代化服务分指数得分为 86.10 分。

2. 昆明"社会服务"分指数变动情况

昆明社会治理现代化服务分指数通过以下 6 个层面 22 个指标来反映。

第一个层面：3 个指标，即"社会保障和就业支出占财政地方一般预算支出的比重（％）""城乡社会支出占当年一般公共预算支出比重""保障性住房基本建成面积占房建竣工验收面积的比重（％）"，主要从财政支出方面，反映一个城市、一个地区的产业结构，反映对民生的社会服务、社会事业的支持程度。所以，只有不断加大投入才能提高社会服务水平。

1. 社会保障和就业支出占财政地方一般预算支出的比重

昆明市"社会保障和就业支出占财政地方一般预算支出的比重（％）"在 2019—2021 年呈先下降后上升的趋势。2019 年为 12.86％，2020 年为 12.00％，较 2019 年减少了 6.69％；2021 年为 12.48％，较 2019 年减少了 2.95％（见图 2－14）。

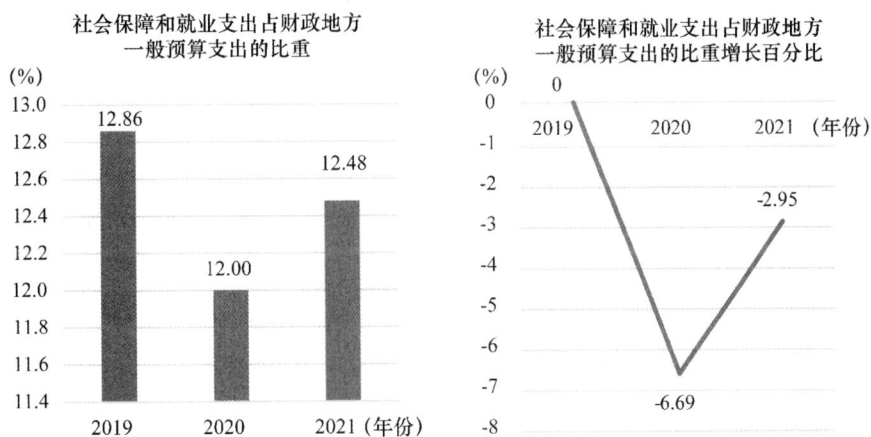

图 2－14 昆明市社会保障和就业支出占财政地方一般预算支出的比重的增长

2. 城乡社会支出占当年一般公共预算支出比重

昆明市"城乡社会支出占当年一般公共预算支出比重（％）"在 2019—2021 年呈逐年下降的趋势。2019 年为 15.58％，2020 年为 12.87％，较 2019 年减少了 17.39％；2021 年为 12.24％，较 2019 年减少了 21.44％（见图 2－15）。

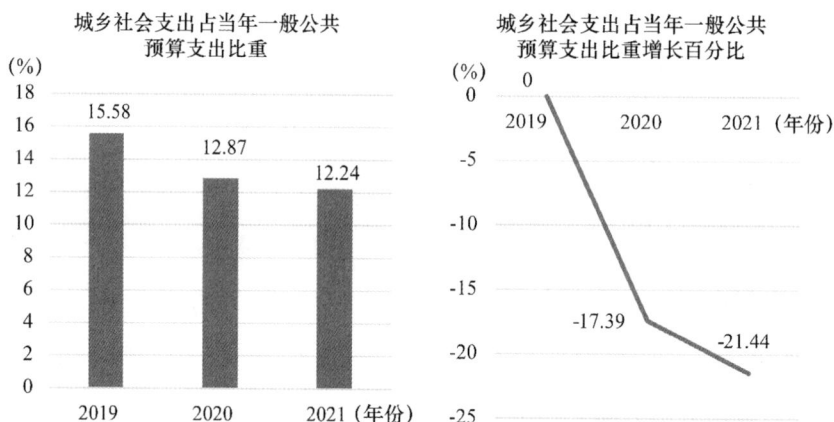

图 2－15　昆明市城乡社会支出占当年一般预算支出的比重的增长

3. 保障性住房基本建成面积占房建竣工验收面积的比重

昆明市"保障性住房基本建成面积占房建竣工验收面积的比重（％）"在 2019—2021 年呈先下降后上升的趋势。2019 年为 5.79％，2020 年为 3.66％，较 2019 年减少了 36.79％；2021 年为 9.28％，较 2019 年增长了 60.28％（见图 2－16）。

第二个层面：4 个指标，即"文化事业支出占财政支出比重（％）""文化事业支出（万元）""每万人拥有群众文化设施建筑面积（平方米）""人均体育场地面积（平方米）"，主要反映城市的体育和文化事业发展的基本情况。

1. 文化事业支出占财政支出比重

昆明市"文化事业支出占财政支出比重（％）"在 2019—2021 年呈逐年上升趋势，2019 年为 1.10％，2020 年为 1.20％，

保障性住房基本建成面积占房
建竣工验收面积的比重

保障性住房基本建成面积占房
建竣工验收面积的比重增长百分比

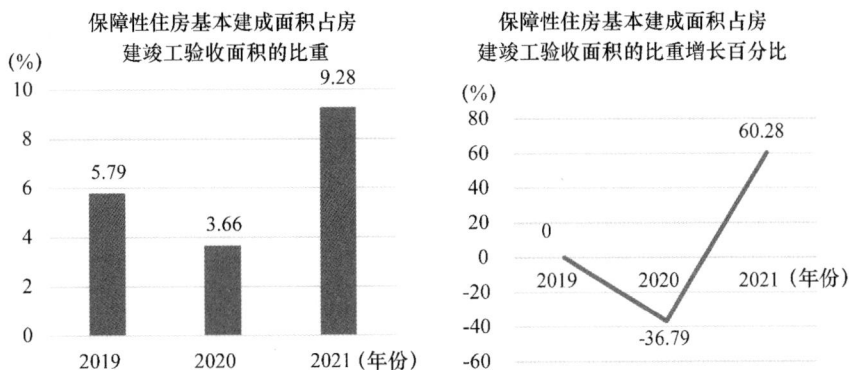

图 2 - 16　昆明市保障性住房基本建成面积占房建竣工验收面积的比重的增长

较 2019 年增长 9.09%；2021 年为 1.21%，较 2019 年增长 10.00%（见图 2 - 17）。

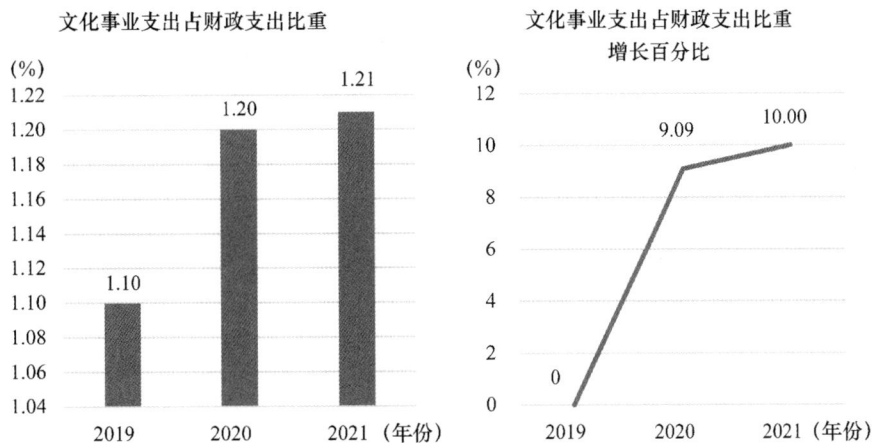

文化事业支出占财政支出比重

文化事业支出占财政支出比重
增长百分比

图 2 - 17　昆明市文化事业支出占财政支出比重的增长

2. 文化事业支出

昆明市 "文化事业支出（万元）" 在 2019—2021 年呈逐年上升的趋势，2019 年为 90538 万元，2020 年为 104647 万元，较 2019 年增长 15.58%，2021 年为 112014 万元，较 2019 年增长 23.72%（见图 2 - 18）。

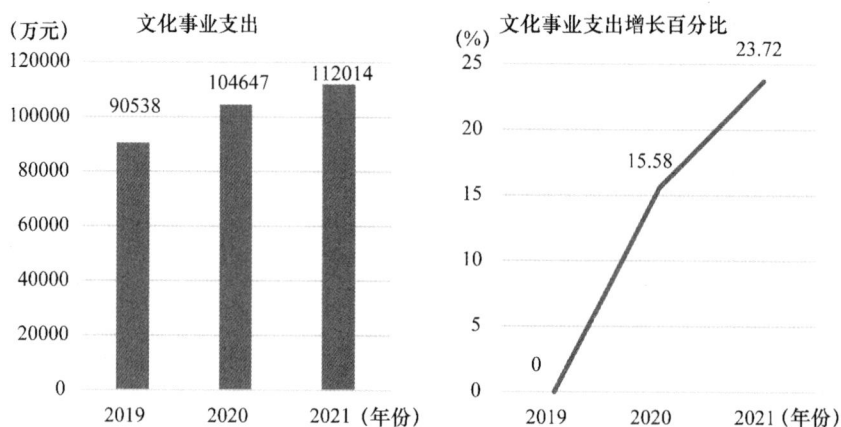

图 2 - 18　昆明市文化事业支出的增长

3. 每万人拥有群众文化设施建筑面积

昆明市"每万人拥有群众文化设施建筑面积（平方米）"在 2019—2021 年呈下降趋势。2019 年为 3026.08 平方米，2020 年为 2122.55 平方米，较 2019 年减少了 29.86%；2021 年为 2062.54 平方米，较 2019 年减少了 31.84%（见图 2 - 19）。

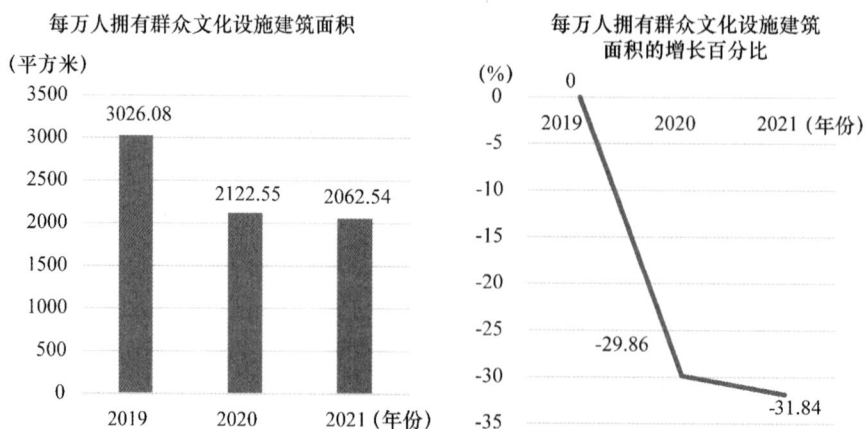

图 2 - 19　昆明市每万人拥有群众文化设施建筑面积的增长

4. 人均体育场地面积

昆明市"人均体育场地面积（平方米）"在2019—2021年呈先持平后上升趋势。2019年与2020年均为2.23平方米，2021年为2.36平方米，增长幅度为5.83%（见图2－20）。

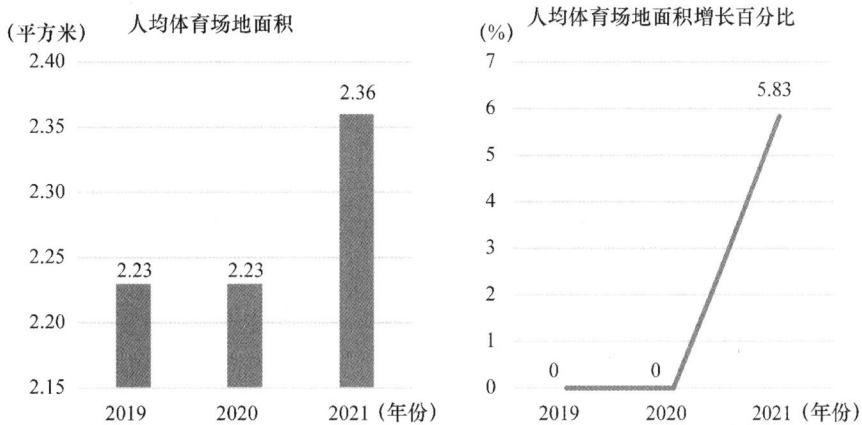

图2－20　昆明市人均体育场地面积的增长

第三个层面：6个指标，即"每千常住人口医疗卫生机构床位数（张）""每千常住人口执业（助理）医师数（人）""养老机构数（个）""养老机构床位数（张）""每万常住人口全科医生人数（人）""卫生健康支出（亿元）"，主要从健康层面，反映一个城市、一个地区社会健康的服务水平。

1. 每千常住人口医疗机构床位数

昆明市"每千常住人口医疗机构床位数（张）"在2019—2021年呈逐年下降的趋势。2019年为9.22张，2020年为7.76张，较2019年减少了15.84%，2021年为7.65张，较2019年减少17.03%（见图2－21）。

2. 每千常住人口执业（助理）医师数

昆明市"每千常住人口执业（助理）医师数（数）"在2019—2021年呈先降后升的趋势，2019年为4.57人，2020年

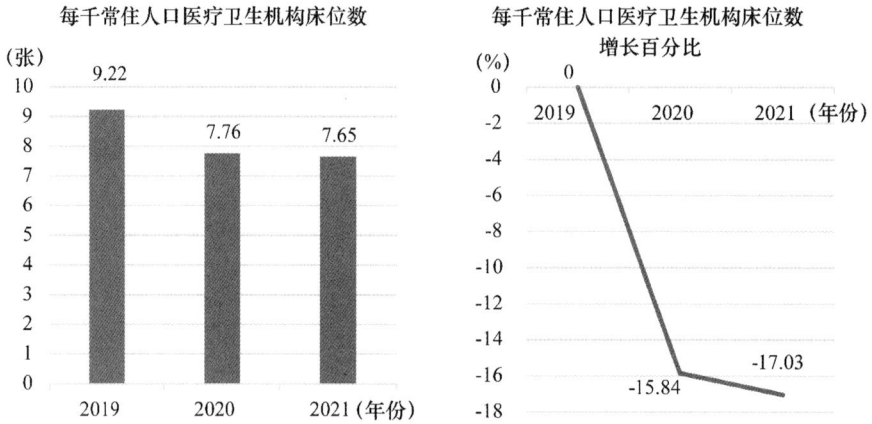

图 2 – 21　昆明市每千常住人口医疗机构床位数的增长

为 3.96 人，较 2019 年减少了 13.35%；2021 年为 4.02 人，较 2019 年减少了 12.04%（见图 2 – 22）。

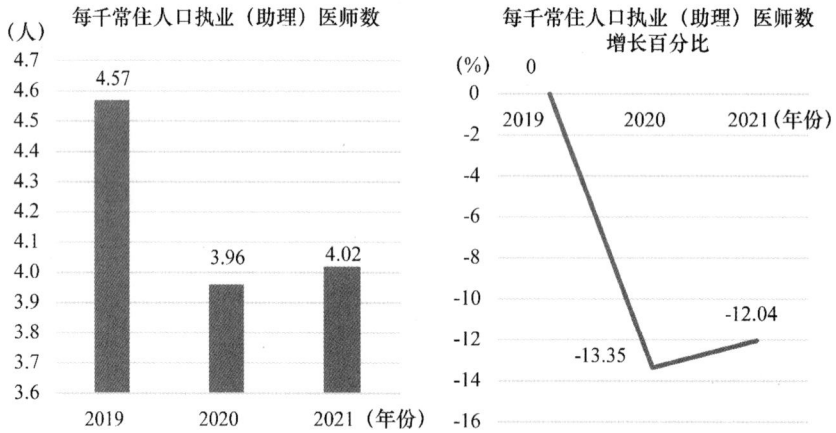

图 2 – 22　昆明市每千常住人口执业（助理）医师数的增长

3. 养老机构数

昆明市"养老机构数（个）"在 2019—2021 年呈逐年上升的趋势。2019 年为 111 个，2020 年为 114 个，较 2019 年增长 2.70%；2021 年为 125 个，较 2019 年增长了 12.61%（见图 2 – 23）。

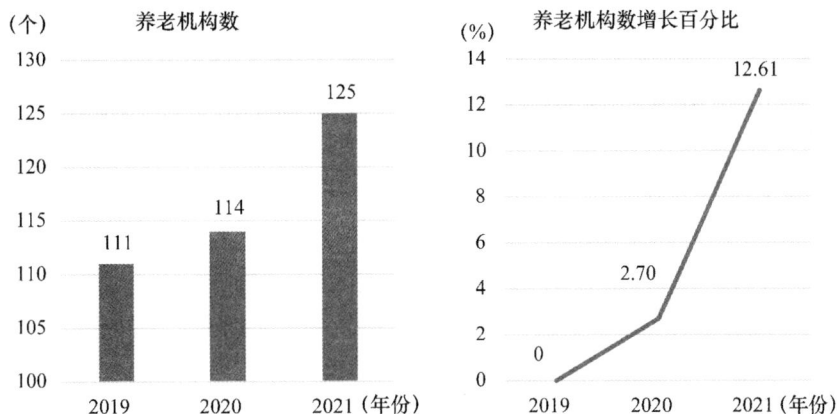

图 2 - 23　昆明市养老机构数的增长

4. 养老机构床位数

昆明市"养老机构床位数（张）"在 2019—2021 年呈逐年上升的趋势。2019 年为 21911 张，2020 年为 22431 张，较 2019 年增长了 2.37%，2021 年为 28900 张，较 2019 年大幅增长 31.90%（见图 2 - 24）。

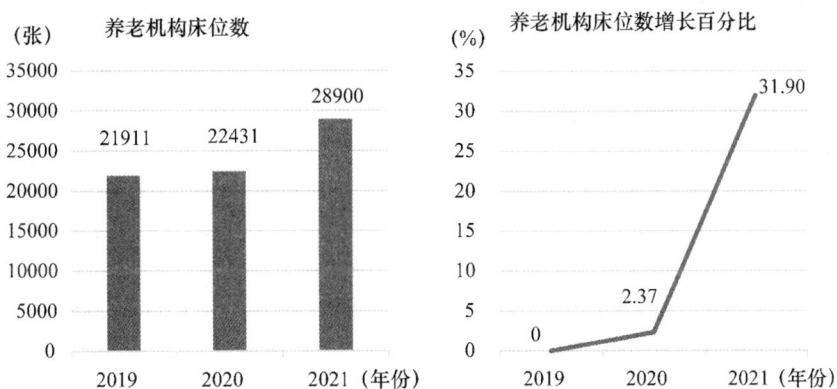

图 2 - 24　昆明市养老机构床位数的增长

5. 每万常住人口全科医生人数

昆明市"每万常住人口全科医生人数（人）"在 2019—2021 年呈直线下降的趋势。2019 年为 2.47 人，2020 年为 1.93 人，较

2019 年减少 21.86%；2021 年为 1.41 人，较 2019 年减少了 42.91%（见图 2 – 25）。

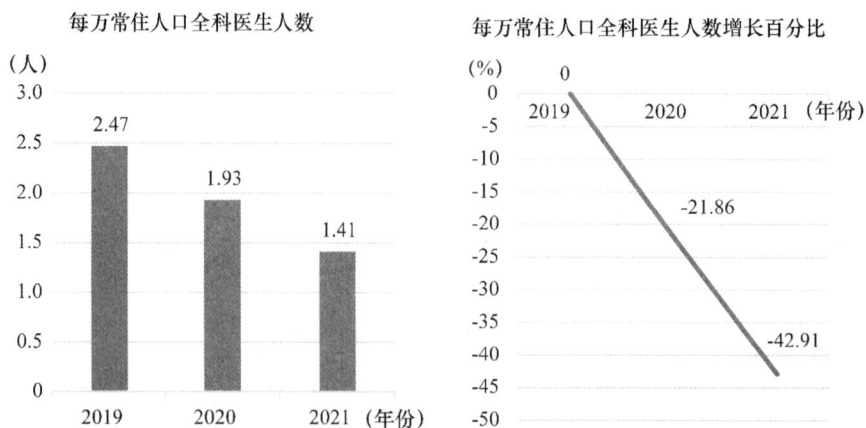

每万常住人口全科医生人数

每万常住人口全科医生人数增长百分比

图 2 – 25   昆明市每万常住人口全科医生人数的增长

6. 卫生健康支出

昆明市"卫生健康支出（亿元）"在 2019—2021 年呈逐年增长趋势。2019 年为 68.46 亿元，2020 年为 77.43 亿元，较 2019 年增长了 13.10%，2021 年为 86.03 亿元，较 2019 年增长了 25.66%（见图 2 – 26）。

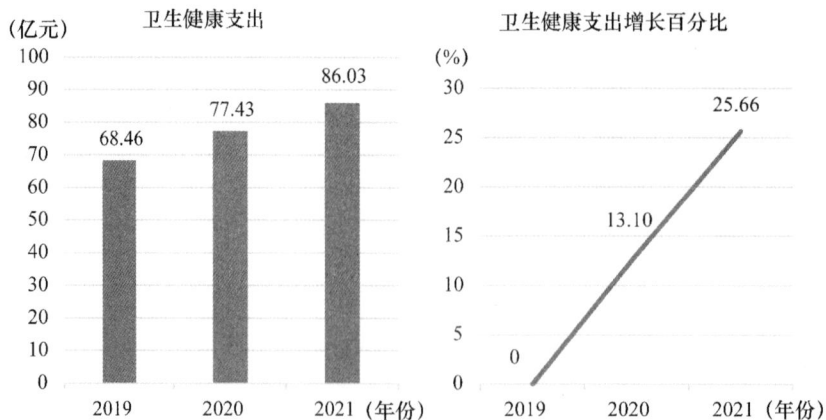

卫生健康支出

卫生健康支出增长百分比

图 2 – 26   昆明市卫生健康支出的增长

第四个层面：2 个指标，即"工会建会率（％）""已成立业委会小区占符合成立条件小区比例（％）"，主要从企业民主管理、社区自治层面，反映一个城市、一个地区基层的社会服务和民主自治水平。

1. 工会建会率

昆明市"工会建会率（％）"在 2019—2021 年呈持续上升趋势。2019 年为 91.87％，2020 年为 93.52％，较 2019 年增长了 1.80％，2021 年为 93.87％，较 2019 年增长了 2.18％（见图 2-27）。

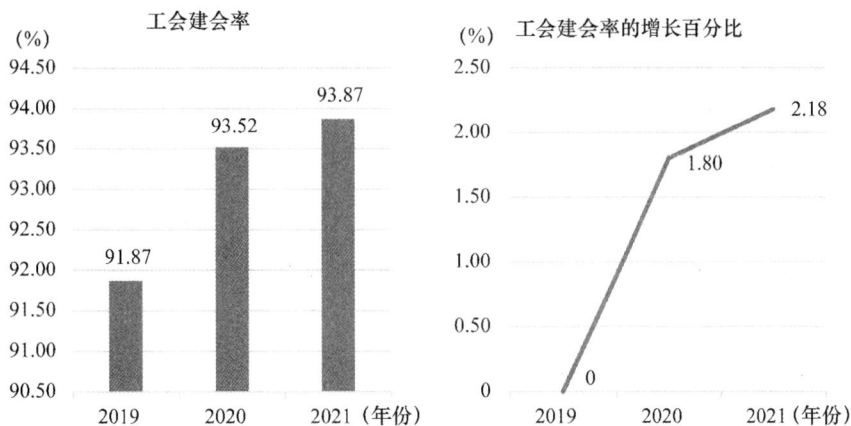

图 2-27　昆明市工会建会率的增长

2. 已成立业委会小区占符合成立条件小区比例

昆明市"已成立业委会小区占符合成立条件小区比例（％）"在 2019—2021 年呈先降后升趋势。2019 年为 17.11％，2020 年为 9.76％，较 2019 年减少了 42.96％，2021 年为 14.6％，较 2019 年减少了 14.67％（见图 2-28）。

第五个层面：3 个指标，即"教育经费支出（亿元）""生均义务教育公用经费支出（元）""高级技能人才占技能劳动者比重（％）"，主要从教育的投入层面，反映一个城市、一个地区社会教育事业的发展水平，同时从高级技能人才占技能劳动

已成立业委会小区占符合
成立条件小区比例

已成立业委会小区占符合成立条
件小区比例的增长百分比

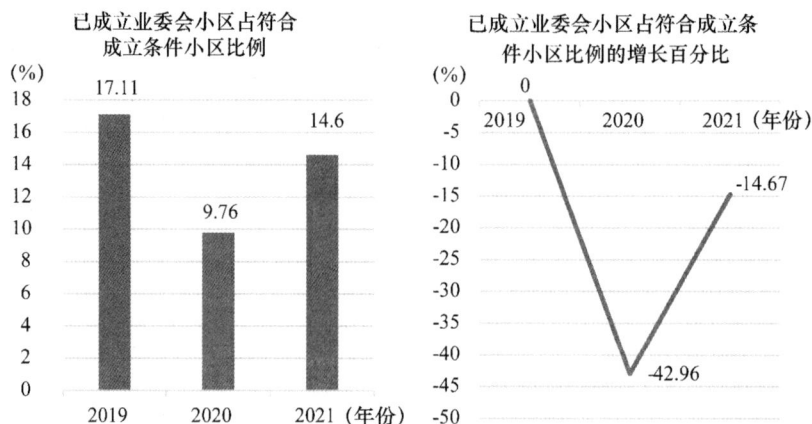

图 2 - 28　昆明市已成立业委会小区占符合成立条件小区比例的增长

者的比重反映一个城市、一个地区人才的社会结构及其对该地区产业发展的贡献度。

1. 教育经费支出

昆明市"教育经费支出（亿元）"在 2019—2021 年呈逐年增长趋势。2019 年为 135.69 亿元，2020 年为 143.39 亿元，较 2019 年增长了 5.67%，2021 年为 144.66 亿元，较 2019 年增长了 6.61%（见图 2 - 29）。

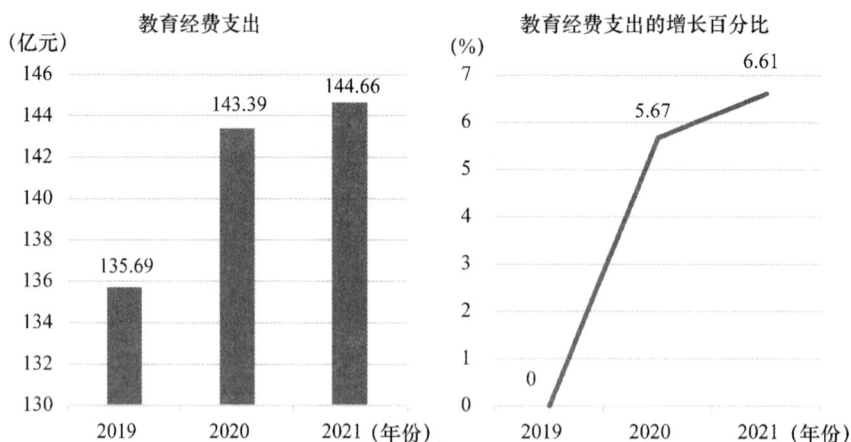

教育经费支出

教育经费支出的增长百分比

图 2 - 29　昆明市教育经费支出的增长

2. 生均义务教育公用经费支出

昆明市"生均义务教育公用经费支出（元）"，在 2019—2021 年持续下降。2019 年为 3757.88 元，2020 年为 3572.63 元，较 2019 年减少了 4.93%，2021 年为 3535.92 元，较 2019 年减少了 5.91%（见图 2-30）。

"生均义务教育公用经费"包括"生均公用经费"和"生均教育经费"两个方面。2021 年昆明生均义务教育公用经费支出减少的主要原因是：2021 年受新冠疫情影响，昆明的政府发展受一定影响，所以政府财政对满足学校教育教学活动以及学校正常运转所需的物力、人力费用也相应减少有关。

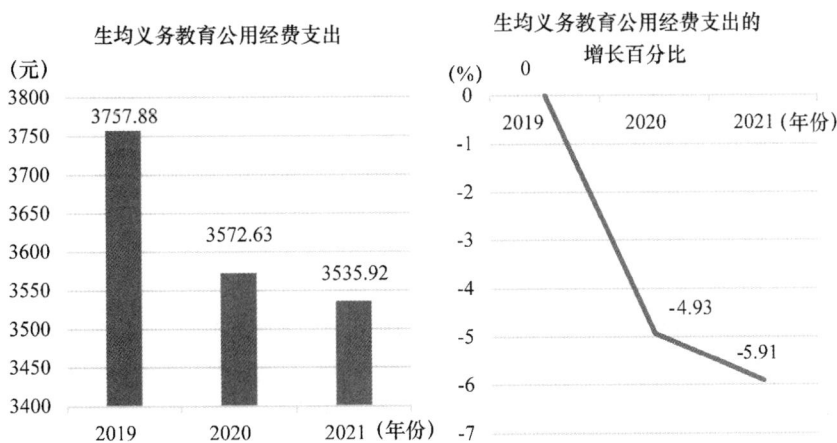

图 2-30 昆明市生均义务教育公用经费支出的增长

3. 高级技能人才占技能劳动者比重

昆明市"高级技能人才占技能劳动者比重（%）"在 2019—2020 年呈上升的趋势。2019 年为 19.42%，2020 年为 32.05%，较 2019 年增长了 65.04%；2021 年为 34.52%，较 2019 年大幅增长了 77.75%（见图 2-31）。

第六个层面：4 个指标，即"实有人口万人报警类 110 警情数（起）""法律援助案件受理数（件）""'12345'市民服

高级技能人才占技能劳动者比重

高级技能人才占技能劳动者比重
的增长百分比

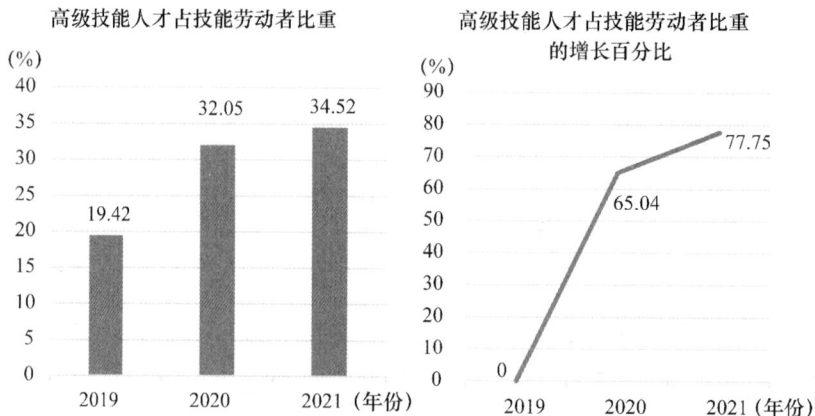

图2－31 昆明市高级技能人才占技能劳动者比重的增长

务热线办结率（％）""公共交通机动化出行分担率（％）"，
反映一个城市、一个地区社会的文明和谐程度，以及社会面的
治理防控能力，反映一个城市、一个地区为民、利民、惠民的
能力和水平，以及为人民群众提供社会法律援助的力度和
成效。

1. 实有人口万人报警类 110 警情数

昆明市"实有人口万人报警类 110 警情数（起）"在 2019—
2021 年呈先下降后上升的状态。2019 年为 2058.31 起，2020 年
为 1839.24 起，较 2019 年减少了 10.64%；2021 年为 2064.10
起，较 2019 年增长了 0.28%（见图 2－32）。

2. 法律援助案件受理数

昆明市"法律援助案件受理数（件）"在 2019—2021 年呈
逐年上升趋势。2019 年为 14286 件，2020 年为 15169 件，较
2019 年增长了 6.18%，2021 年为 22018 件，较 2019 年大幅增
长了 54.12%（见图 2－33）。

3. "12345" 市民服务热线办结率

昆明市"'12345'市民服务热线办结率（％）"在 2019—
2021 年变化较小，2019 年为 99.98%，2020 年为 99.99%，较
2019 年增长了 0.01%；2021 年为 99.80%，较 2019 年减少了

实有人口万人报警类110警情数

（起）

实有人口万人报警类110
警情数的增长百分比

（%）

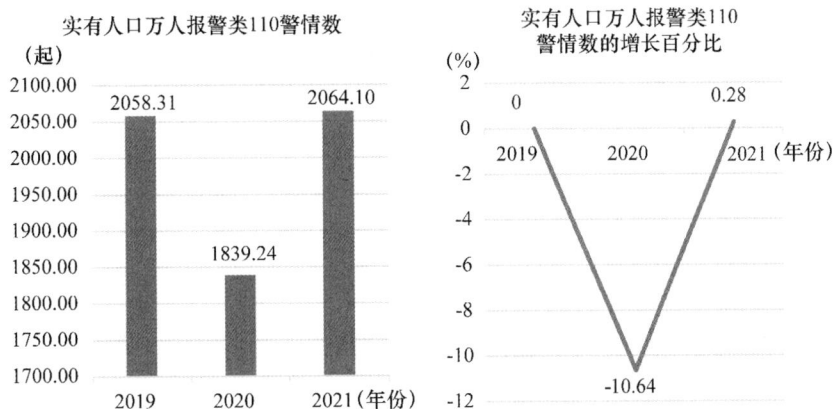

图 2-32　昆明市实有人口万人报警类 110 警情数的增长

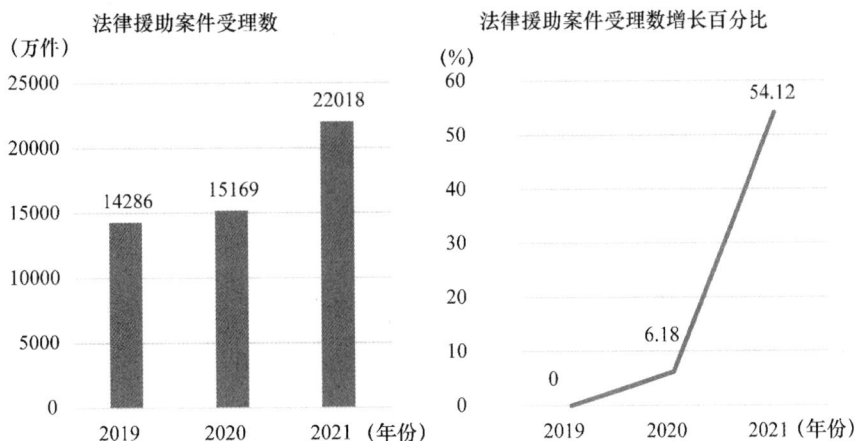

法律援助案件受理数

（万件）

法律援助案件受理数增长百分比

（%）

图 2-33　昆明市法律援助案件受理数的增长

0.18%（见图 2-34），在一定程度上反映了昆明市民近三年内对民生服务热线的满意度变化情况。

4. 公共交通机动化出行分担率

昆明市"公共交通机动化出行分担率（％）"在 2019—2021 年呈先上升后下降的趋势。2019 年为 57.80%，2020 年为 60.00%，较 2019 年增长了 3.81%；2021 年为 51.01%，较 2019 年相比减少了 11.75%（见图 2-35）。近三年昆明市公共

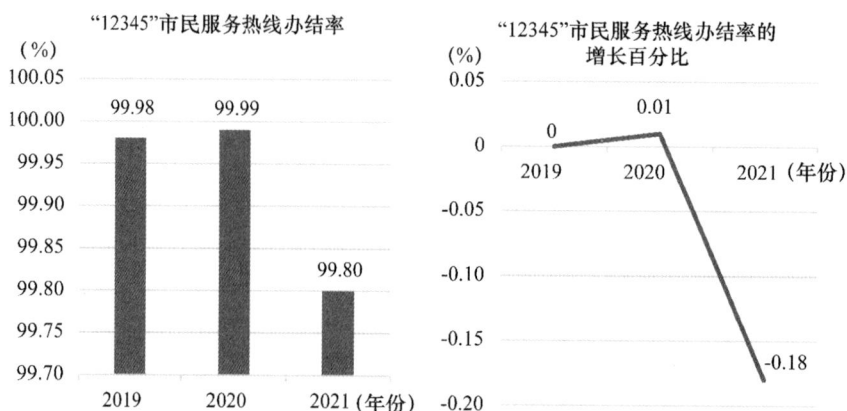

"12345"市民服务热线办结率

"12345"市民服务热线办结率的增长百分比

图 2 - 34　"12345"市民服务热线办结率的增长

交通机动化出行分担率的变动情况，反映了一个城市要持续提升"绿色出行"比例是一个有反复的过程。

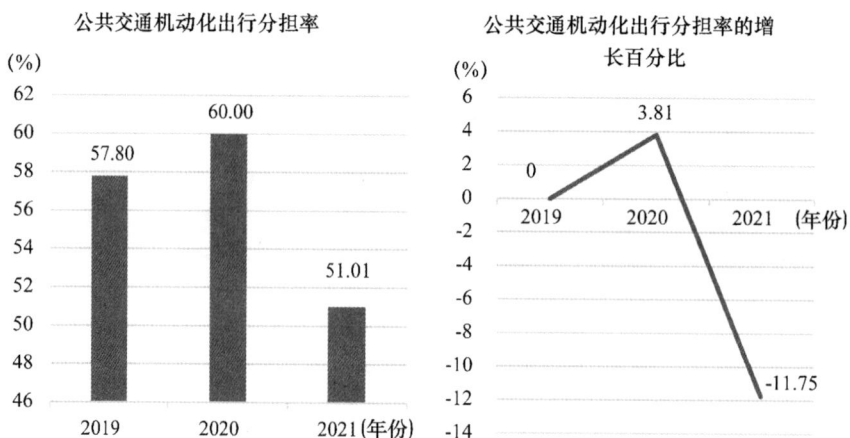

公共交通机动化出行分担率

公共交通机动化出行分担率的增长百分比

图 2 - 35　昆明市公共交通机动化出行分担率的增长

四　昆明市域"社会环境"现代化分指数分析

"社会环境"指数反映"人与自然和谐共生"的程度，也是中国式现代化、中国式社会治理的一个重要特征。

1. 昆明"社会环境"分指数得分

昆明社会治理现代化环境分指数通过 2 个层面 11 个指标，采集 2021 年数据，经计算，2022 年昆明市社会环境分指数得分为 80.41 分。

2. 昆明"社会环境"分指数变动情况

昆明社会治理现代化环境分指数通过以下 2 个层面 11 个指标来体现整个社会环境的环境保护、安全稳定程度。

第一个层面：5 个指标，即"节能环保支出（亿元）""城镇污水集中处理率（%）""生活垃圾无害化处理率（%）""全年空气优良率（%）""城市声环境功能区夜间监测总点次达标率（%）"，主要从对环境保护、绿色节能方面的投入以及成效方面反映一个城市、一个地区良好的社会环境。

1. 节能环保支出

昆明市"节能环保支出（亿元）"在 2019—2021 年呈先下降再上升的变化趋势。2019 年为 41.14 亿元，2020 年为 29.69 亿元，较 2019 年减少了 27.83%；2021 年为 37.76 亿元，较 2019 年减少了 8.22%（见图 2-36）。

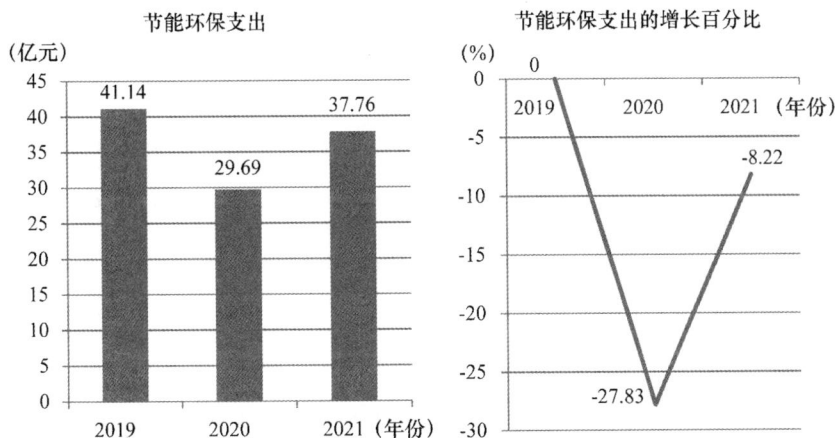

图 2-36　昆明市节能环保支出的增长

2. 城镇污水集中处理率

昆明市"城镇污水集中处理率（％）"，在2019—2021年呈先上升后下降的趋势。2019年为95.18％，2020年为96.83％，较2019年增长了1.73％；2021年为96.48％，较2019年增长了1.37％（见图2-37）。

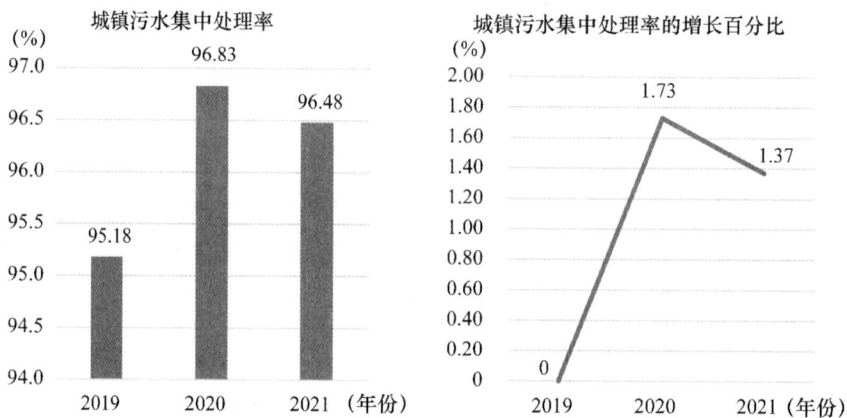

图2-37 昆明市城镇污水集中处理率的增长

3. 生活垃圾无害化处理率

昆明市"生活垃圾无害化处理率（％）"在2019—2021年保持不变，均为100％。

4. 全年空气优良率

昆明市"全年空气优良率（％）"在2019—2021年呈先上升后下降的变化趋势，但变化幅度非常小。2019年为98.00％，2020年全年空气优良率为100％，与2019年相比增长了2.04％；2021年为98.63％，与2019年相比增长了0.64％（见图2-38）。

5. 城市声环境功能区夜间监测总点次达标率

昆明市"城市声环境功能区夜间监测总点次达标率（％）"在2019—2021年先上升后基本持平，2019年为66.8％，2020年为88.7％，与2019年相比增长了32.78％；2021年为88.5％，与2019年相比增长了32.49％（见图2-39）。

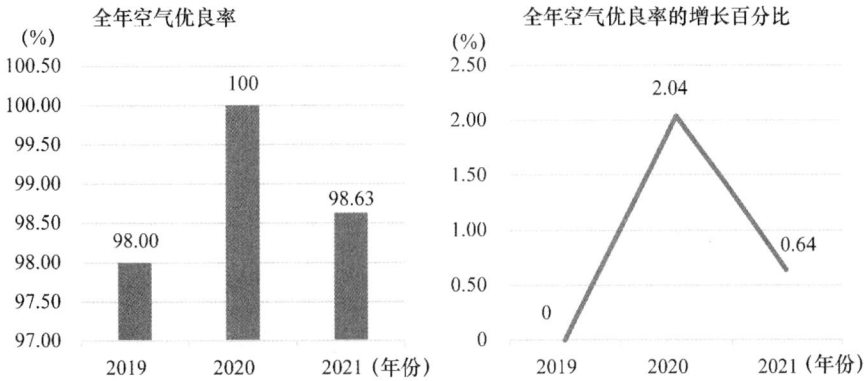

图 2 - 38　昆明市全年空气优良率的增长

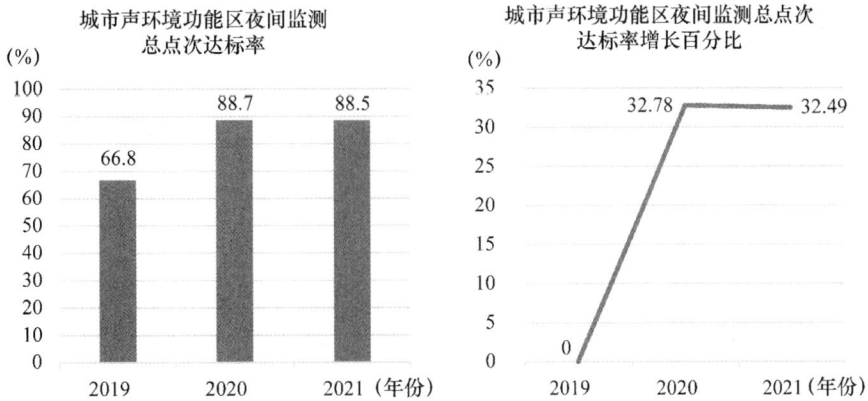

图 2 - 39　昆明市城市声环境功能区夜间监测总点次达标率的增长

　　第二个层面：6 个指标，即"亿元国内生产总值生产安全事故死亡率（％）""食品抽检合格率（％）""群众安全感满意度（％）""民间纠纷调解成功率（％）""一般程序交通事故（起）""新增重复信访率（％）"，主要从生产安全、食品安全、出行安全以及人民群众满意度、社会稳定方面反映一个城市、一个地区的社会环境治理成效，反映人与人、人与社会、人与自然的和谐水平。

1. 亿元国内生产总值生产安全事故死亡率

昆明市"亿元国内生产总值生产安全事故死亡率（%）"在2019—2021年呈先下降后上升的趋势。2019年为0.04%，2020年为0.038%，较2019年减少了5%；2021年为0.04%，与2019年持平（见图2-40）。

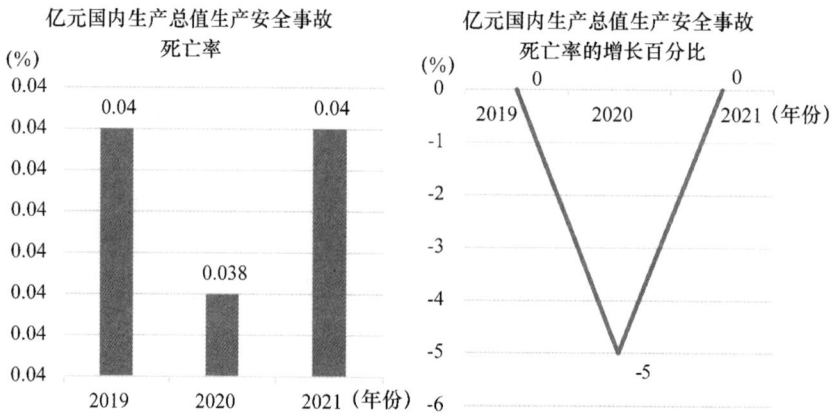

图2-40　昆明市亿元国内生产总值生产安全事故死亡率的增长

2. 食品抽检合格率

昆明市"食品抽检合格率（%）"在2019—2021年小幅波动，总体三年间差距比较小。2019年为98.22%，2020年为98.48%，较2019年增长0.26%；2021年为98.35%，较2019年增长0.13%（见图2-41）。

3. 群众安全感满意度

昆明市"群众安全感满意度（%）"在2019—2021年呈逐年上升趋势。2019年为94.09%，2020年为94.95%，增长了0.91%，2021年为95.09%，较2019年增长了1.06%（见图2-42）。

4. 民间纠纷调解成功率

昆明市"民间纠纷调解成功率（%）"在2019—2021年呈先降后升趋势，但总体来看变化的幅度细微。2019年为

食品抽检合格率

食品抽检合格率的增长百分比

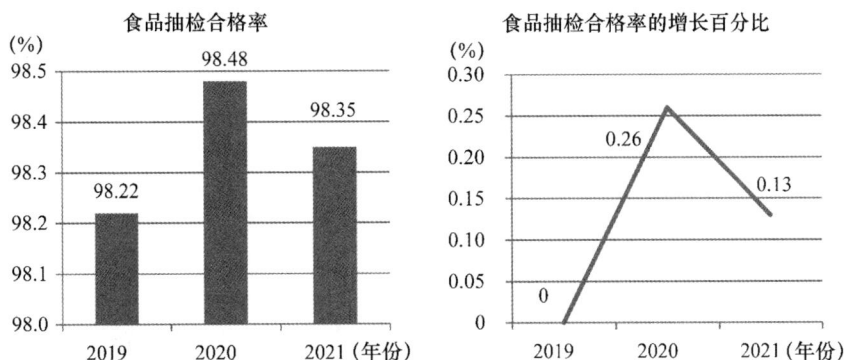

图 2-41　昆明市食品抽检合格率的增长

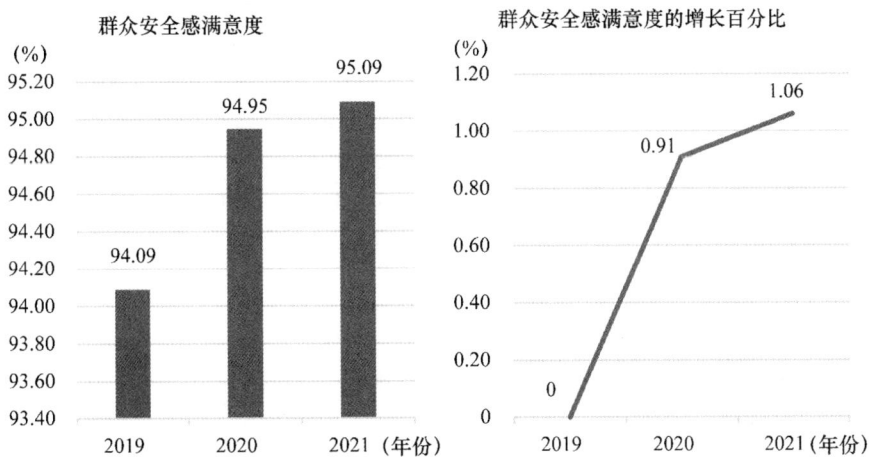

群众安全感满意度

群众安全感满意度的增长百分比

图 2-42　昆明市群众安全感满意度的增长

99.37%，2020 年为 99.55%，较 2019 年小幅增长 0.18%；2021 年为 99.51%，较 2019 年小幅增长 0.14%（见图 2-43）。

5. 一般程序交通事故

昆明市"一般程序交通事故（起）"在 2019—2021 年呈先下降后上升的趋势。2019 年为 1641 起，2020 年为 1319 起，较上一年下降了 19.62%。2021 年为 1408 起，较 2019 年下降了 14.20%（见图 2-44）。

民间纠纷调解成功率

民间纠纷调解成功率增长百分比

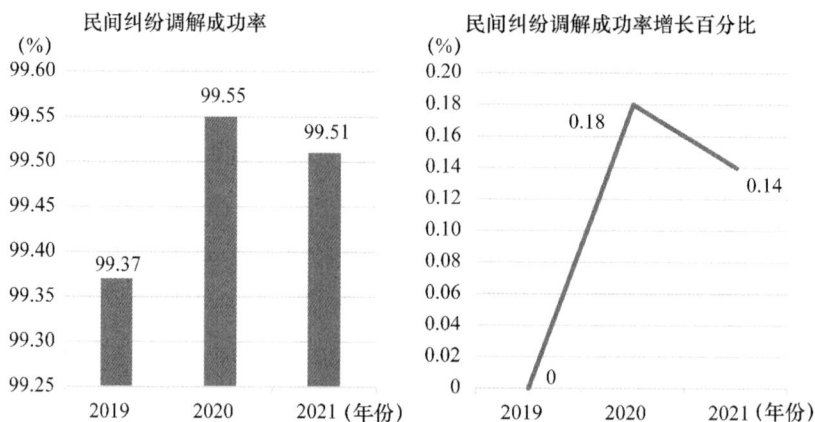

图2-43 昆明市民间纠纷调解成功率的增长

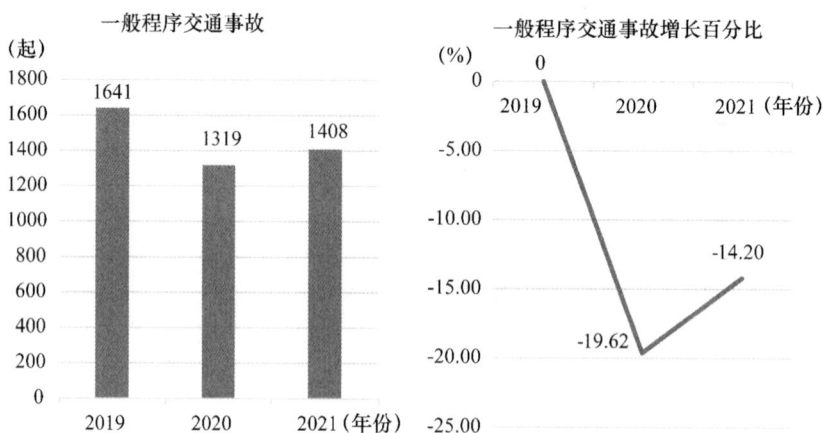

一般程序交通事故

一般程序交通事故增长百分比

图2-44 昆明市一般程序交通事故的增长

6. 新增重复信访率

昆明市"新增重复信访率（％）"在2019—2021年先大幅下降，后再回升。2019年为-0.76％，2020年为-33％，较2019年大幅下降了32.24％，2021年为7％，较2019年上升了7.76％（见图2-45）。

新增重复信访率增长有其客观原因，即2021年期间的新冠疫情导致各种就医、物资供应等困难增加，各种矛盾也隐含其

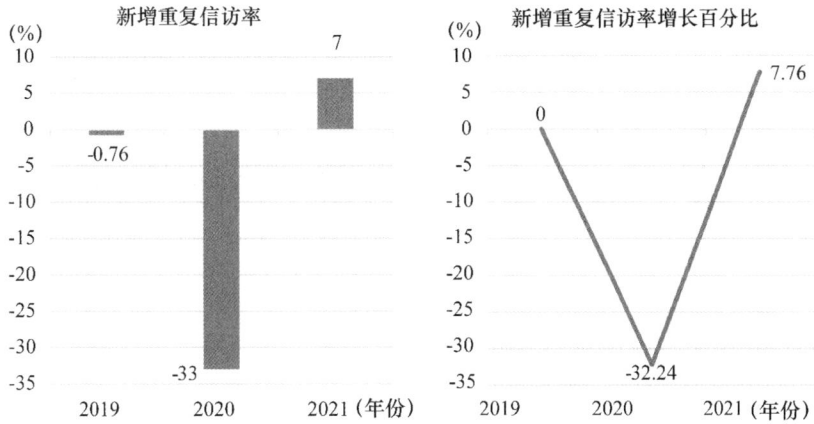

图 2－45　昆明市新增重复信访率的增长

中；从主观分析，一是信访人不知应由何部门解决，采取"广撒网式"或"连环轰炸式"信件；二是信访部门对初信初访工作重视不够，处理问题存在瑕疵；也有因为信访问题复杂，责任主体不明，导致问题久拖不决，从而形成重复信访。尽管有其客观原因，但是过高的重复信访率问题必须引起重视。

第三章　昆明社会治理现代化分指数分析

昆明社会治理现代化综合指数下设"社会活力""社会服务""社会环境"三大分指数。在分析昆明社会治理现代化综合指数之后，本章进一步分析三大分指数，并对 44 个指标中的部分核心指标，作一些深入比较分析，从中可窥见 2022 年昆明社会治理现代化不同分指数的水平。

一　昆明"社会活力"现代化分指数分析

（一）昆明"社会活力"指数得分

昆明社会治理现代化活力指数得分 2019 年为 81. 94 分；2020 年为 85. 53 分；2021 年为 88. 74 分（详见图 3 - 1）。

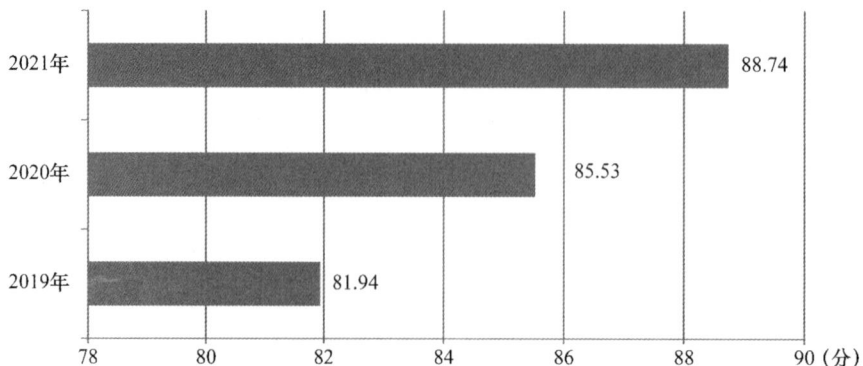

图 3 - 1　2019—2021 年昆明市社会活力指数得分

（二）昆明"社会活力"进步指数

2020 年，昆明的社会活力指数相较于 2019 年，进步了 4.38%；2021 年，昆明的社会活力指数相较于 2019 年，进步了 8.30%（见图 3 - 2）。

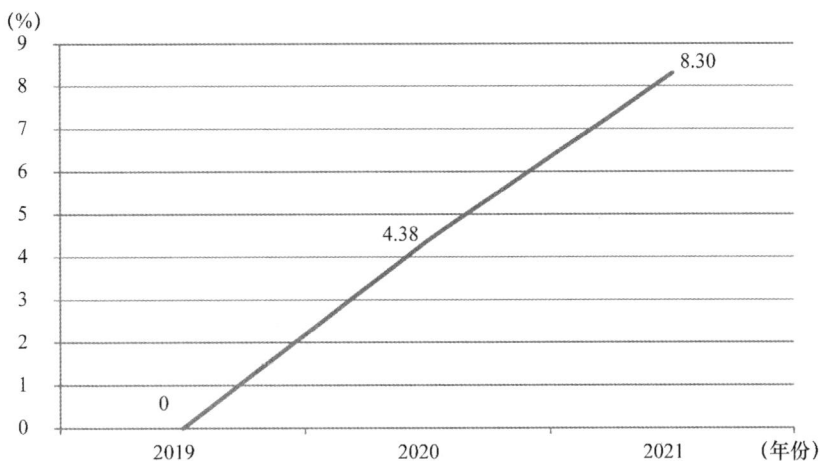

图 3 - 2　2019—2021 年昆明市社会活力进步指数

（三）昆明"社会活力"指数的若干核心指标分析

1. 人均地区总产值

人均国内生产总值是人们了解和把握一个国家或地区宏观经济运行状况的有效工具，即"人均 GDP"，常作为发展经济学中衡量经济发展状况的指标，是最重要的宏观经济指标之一。

（1）昆明与全国的比较

2019—2021 年，人均国内生产总值分别为 70328 元、72000 元、80976 元；昆明的人均地区生产总值分别为 79554 元、80584 元、85146 元。2019—2021 年昆明的人均地区生产总值比人均国内生产总值分别高出 9226 元、8584 元、4170 元（见图 3 - 3）。昆明的人均地区生产总值 2020 年比 2019 年高 1030 元，2021 年比 2019 年高 5592 元，年均增长率为 3.45%。

（元）

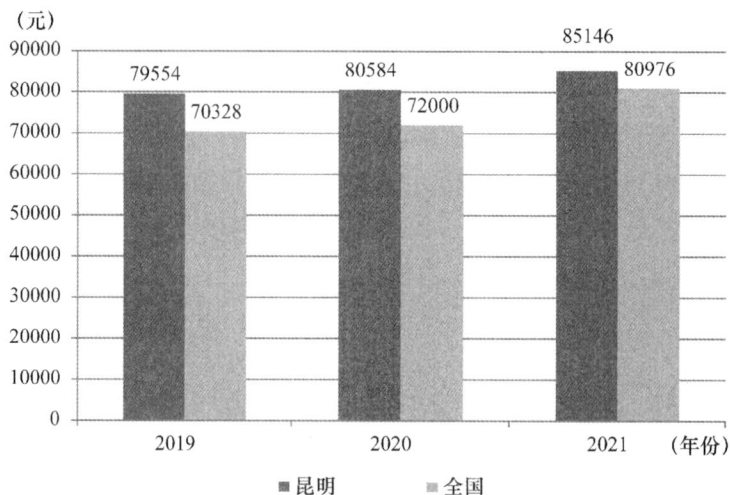

图 3 - 3　2019—2021 年昆明市与全国人均国内生产总值的比较

（2）昆明与 27 个省会城市的比较

昆明市 2020 年人均地区生产总值为 80584 元，27 个省会城市的平均值为 88620.15 元，昆明市较 27 个省会城市平均值低了 8036.15 元，在 27 个省会城市中排名第 14（见图 3 - 4）。

（元）

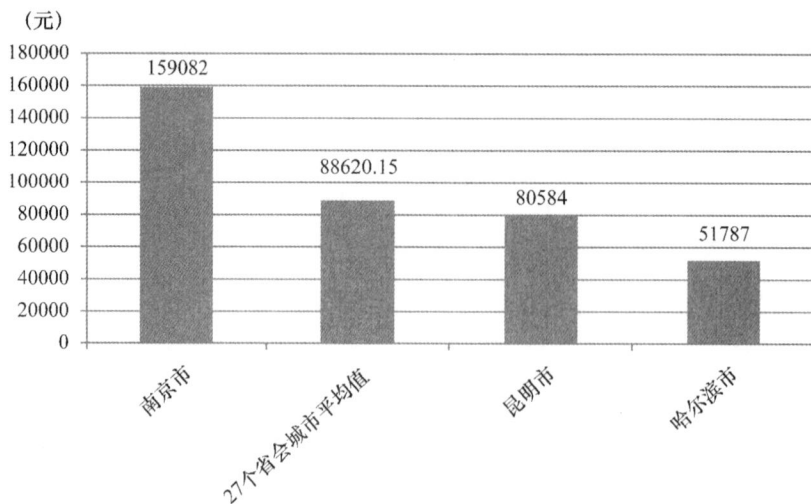

图 3 - 4　2020 年昆明市与 27 个省会城市人均地区生产总值比较

昆明市 2021 年人均地区生产总值为 85146 元，27 个省会城市的平均值为 97859.52 元，昆明市较 27 个省会城市平均值低了 12713.52 元，在 27 个省会城市中排名第 16（见图 3 - 5）。

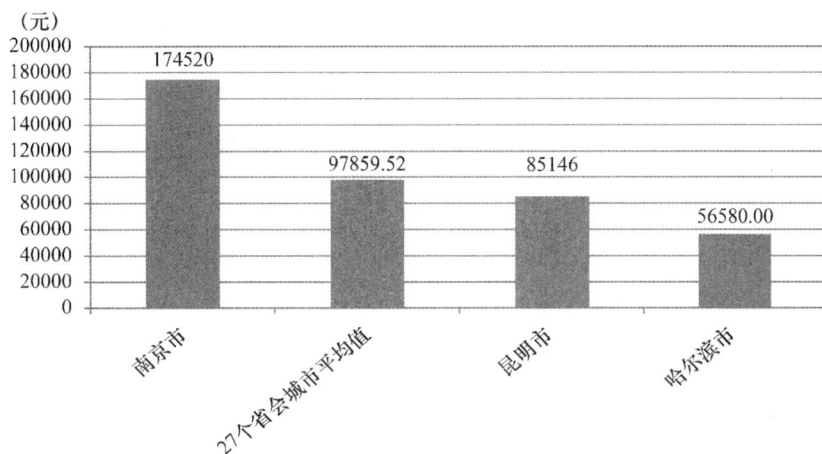

图 3 - 5　2021 年昆明市与 27 个省会城市人均地区生产总值比较

（3）昆明与重庆、成都、贵阳、南宁的比较

昆明市 2021 年地区生产总值为 85146 元，低于成都、重庆，但高于贵阳、南宁。较成都低 9476 元，较重庆低 1733 元，较贵阳、南宁分别高出 7227 元、27170 元（见图 3 - 6）。

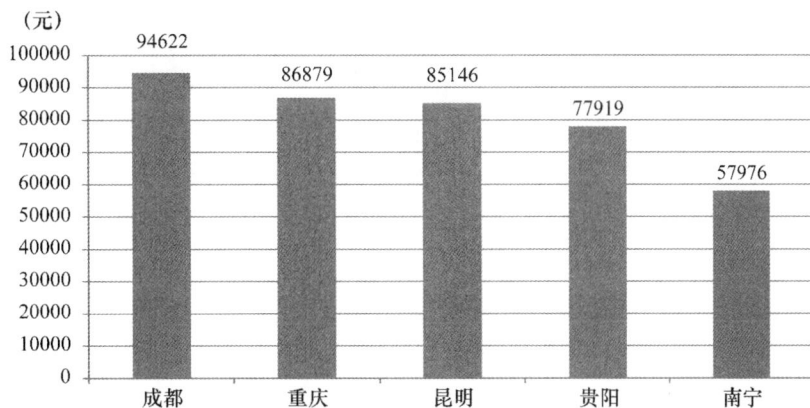

图 3 - 6　2021 年昆明市与重庆、成都、贵阳、南宁人均地区生产总值比较

从 2020—2021 年数据可见，昆明市目前的人均地区生产总值虽然仍然低于 27 个省会城市的平均水平，在西南城市中也处于中游，但是在受新冠疫情影响的当下，昆明市仍能保持人均地区生产总值上升的势头，这与昆明市全力以赴稳定经济增长，实施"稳增长 24 条""稳经济 25 条"密不可分。2022 年 11 月，第 6 届中国—南亚博览会暨第 26 届中国昆明进出口商品交易会再次在昆明举办，昆明主动抓住这一契机，精心筹备，以开放姿态纾发展之困、以开放行动汇合作之力、以开放发展聚创新之势，续写"一带一路"倡议下共商共建共享共赢的佳话。

2. 常住人口城镇化率

（1）昆明与全国的比较

第 2 章已说明，昆明市"常住人口城镇化率（％）"在 2019—2021 年呈逐年增长的趋势。这里进一步与全国的城镇化率作一个比较（见图 3 - 7）。

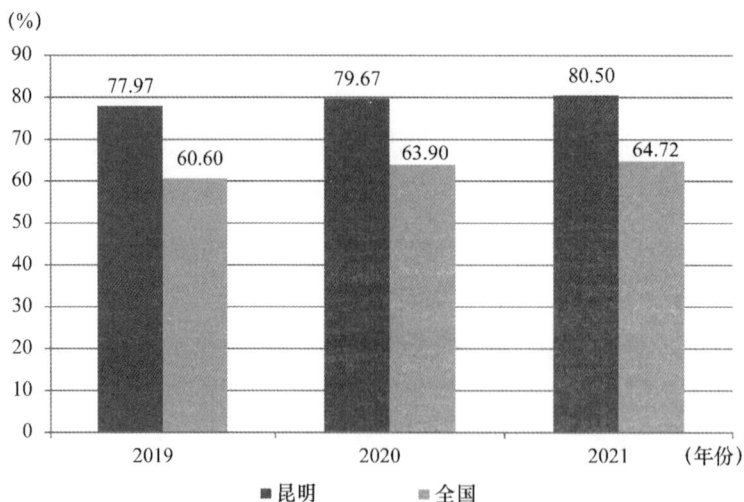

图 3 - 7　2019—2021 年昆明市与全国常住人口城镇化率的比较

2019—2021 年，全国常住人口城镇化率分别为 60.60%、63.90%、64.72%；昆明的常住人口城镇化率分别为 77.97%、

79.67%、80.50%，分别比同年全国水平高出17.37个百分点、
15.77个百分点、15.78个百分点。昆明的常住人口城镇化率
2020年比2019年高1.70个百分点，2021年比2019年高2.53
个百分点，年均增长率为1.61%。

（2）昆明与27个省会城市的比较

昆明市2021年常住人口城镇化率为80.50%，27个省会城
市的平均值为79.39%，昆明市较27个省会城市平均值高1.11
个百分点，在27个省会城市中排名第13（见图3-8）。

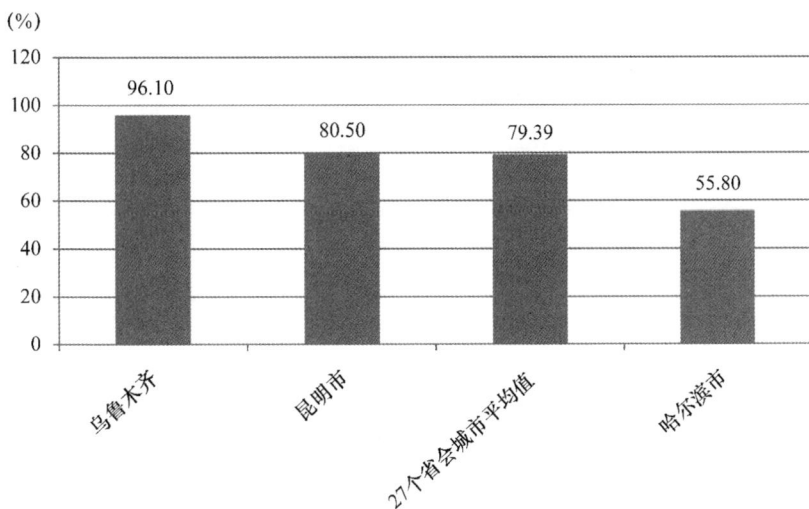

图3-8　2021年昆明市与27个省会城市常住人口城镇化率比较

（3）昆明与重庆、成都、贵阳、南宁的比较

昆明市2021年常住人口城镇化率为80.50%，在5个城市
中最高，分别比贵阳、成都、重庆、南宁高0.43个百分点、1
个百分点、10.18个百分点、10.71个百分点（见图3-9）。

3. 城镇居民人均可支配收入

人均可支配收入在实际生活中，也指人均居民可支配收入。
严格来说居民可支配收入是居民可用于最终消费支出和储蓄的
总和，即居民可用于自由支配的收入。既包括现金收入，也包

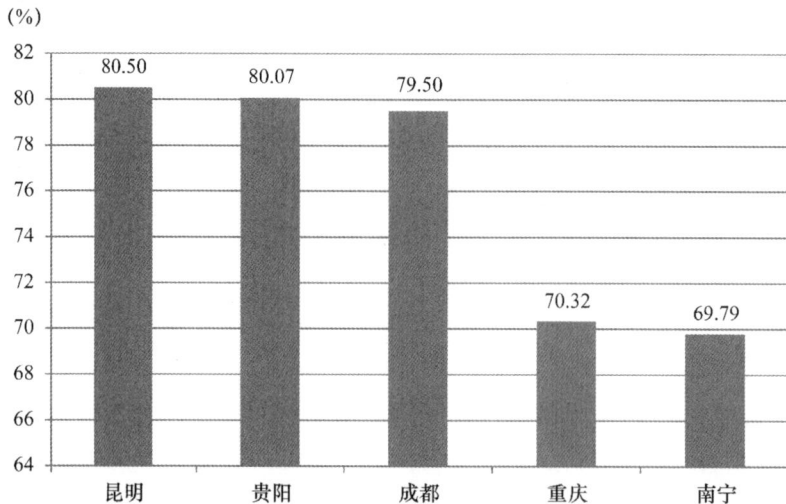

图 3-9　2021 年昆明与重庆、成都、贵阳、南宁常住人口城镇化率比较

括实物收入。按照收入的来源，可支配收入包含四项：工资性收入、经营性净收入、财政性净收入和转移性净收入。

（1）昆明与全国的比较

2019—2021 年，全国城镇居民人均可支配收入分别为 4.23588 万元、4.38338 万元、4.7412 万元；昆明的城镇居民人均可支配收入分别为 4.6289 万元、4.8018 万元、5.2523 万元。2019—2021 年昆明的城镇居民人均可支配收入比全国分别高出 0.39302 万元、0.41842 万元、0.5111 万元（见图 3-10）。昆明的城镇居民人均可支配收入 2020 年比 2019 年增加 0.1729 万元，2021 年比 2019 年增长 0.6234 万元，年均增长率为 6.52%。

（2）昆明与 27 个省会城市比较

昆明市 2020 年城镇居民人均可支配收入 48018 元，27 个省会城市的平均值 47080.67 元，昆明市较 27 个省会城市平均值高出 937.33 元，在 27 个省会城市中排名第 11（见图 3-11）。

（万元）

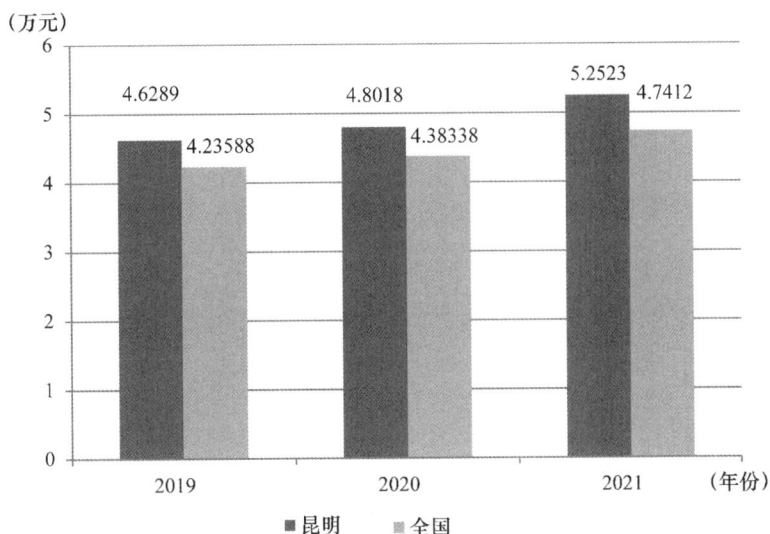

图 3 - 10　2019—2021 昆明市与全国城镇居民人均可支配收入的比较

（元）

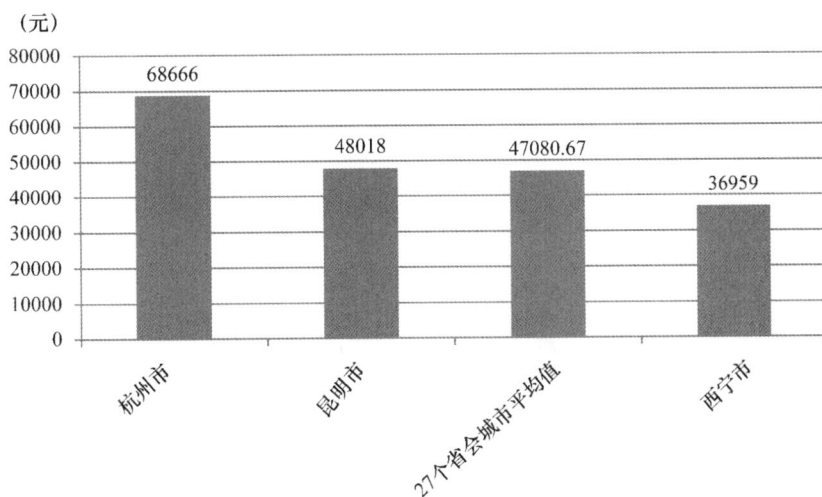

图 3 - 11　2020 年昆明市与 27 个省会城市城镇居民人均可支配收入比较

　　昆明市 2021 年城镇居民人均可支配收入 52523 元，27 个省会城市的平均值 50935.22 元，昆明市较 27 个省会城市平均值高出 1587.78 元，在 27 个省会城市中排名第 11（见图 3 - 12）。

（元）

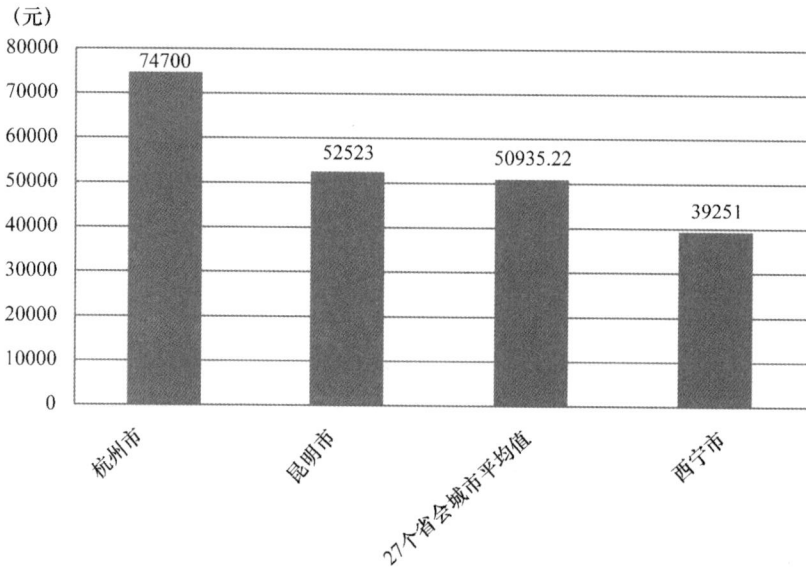

图 3 - 12　2021 年昆明市与 27 个省会城市城镇居民人均可支配收入比较

（3）昆明与重庆、成都、南宁、贵阳的比较

昆明市 2021 年城镇居民人均可支配收入 52523 元，比成都低 110 元，较贵阳、重庆、南宁则分别高出 8647 元、9021 元、11129 元（见图 3 - 13）。

（元）

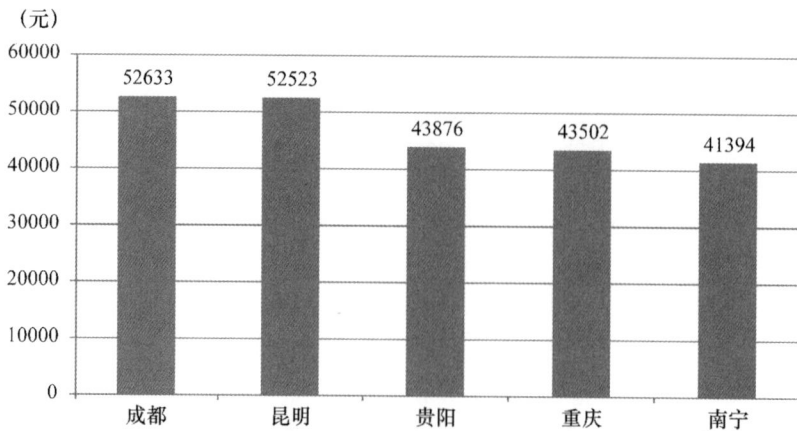

图 3 - 13　2021 年昆明与成都、重庆、南宁、贵阳城镇居民人均
可支配收入的比较

4. 农村居民人均可支配收入

农村居民可支配收入是指农村住户获得的经过初次分配与再分配后的收入。可支配收入可用于住户的最终消费、非义务性支出以及储蓄。计算方法：农村住户可支配收入 = 农村住户总收入 – 家庭经营费用支出 – 税费支出 – 生产性固定资产折旧 – 财产性支出 – 转移性支出 – 调查补贴。

（1）昆明与全国的比较

2019—2021 年，全国农村居民人均可支配收入分别为 1.60207 万元、1.71315 万元、1.8931 万元；昆明农村居民人均可支配收入分别为 1.6356 万元、1.7719 万元、1.9507 万元；与全国农村居民人均可支配收入的比较，2019 年高出 0.03353 万元、2020 年高出 0.05875 万元、2021 年高出 0.0576 万元（见图 3 – 14）。

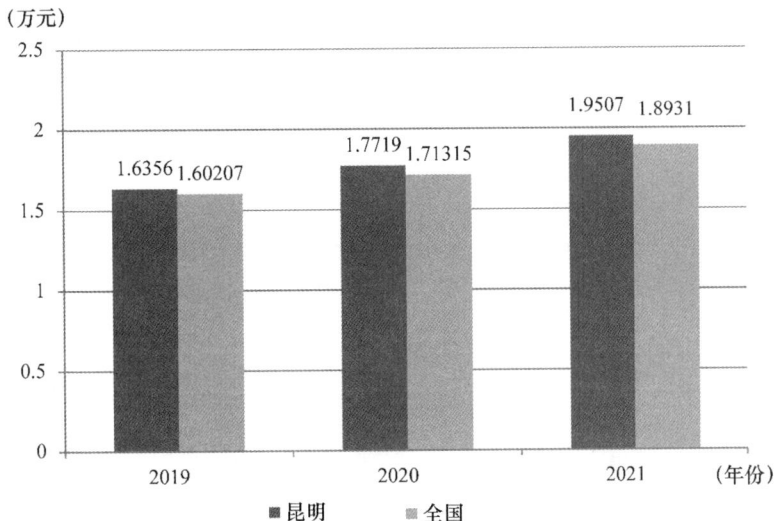

图 3 – 14　2019—2021 年昆明市与全国农村居民人均可支配收入的比较

（2）昆明与 27 个省会城市的比较

昆明市 2020 年农村居民人均可支配收入 17719 元，27 个省会城市的平均值 21563.44 元，昆明市较省会城市平均值低 3844.44 元，在 27 个省会城市中排名第 19（见图 3 – 15）。

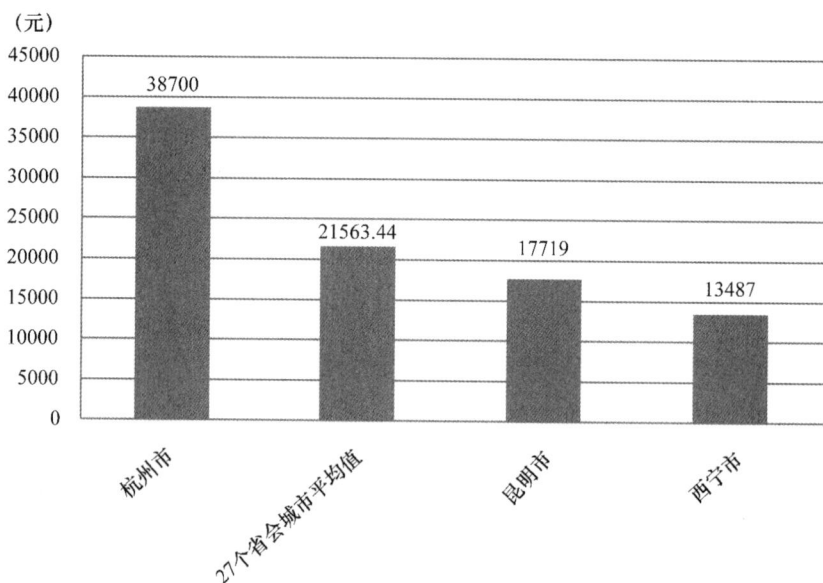

图 3 – 15　2020 年昆明市与 27 个省会城市农村居民人均
可支配收入的比较

昆明市 2021 年农村居民人均可支配收入 19507 元，27 个省
会城市的平均值 23815.78 元，昆明市较省会城市平均值低
4308.78 元，在 27 个省会城市中排名第 19（见图 3 – 16）。

（3）昆明与成都、贵阳、重庆、南宁的比较

昆明市 2021 年农村居民人均可支配收入 19507 元，落后于
成都、贵阳，但高于重庆、南宁，较成都与贵阳分别低了 9619
元、1058 元，较重庆、南宁分别高了 1407 元、1699 元（见
图 3 – 17）。

2022 年，昆明市落实就业优先政策，升级完善"昆明智慧
就业"信息平台，前三季度城乡居民可支配收入分别增长
2.9%、6.8%。全面启动乡村建设行动，通过"绿美乡村 美丽
庭院"建设，立足乡村建设实际，带动乡村经济发展。

（元）

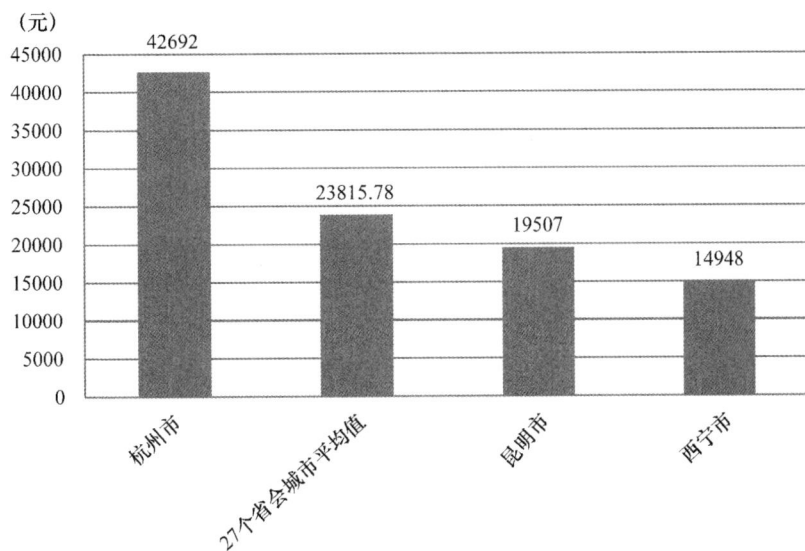

图 3 - 16　2021 年昆明市与 27 个省会城市农村居民人均
可支配收入的比较

（万元）

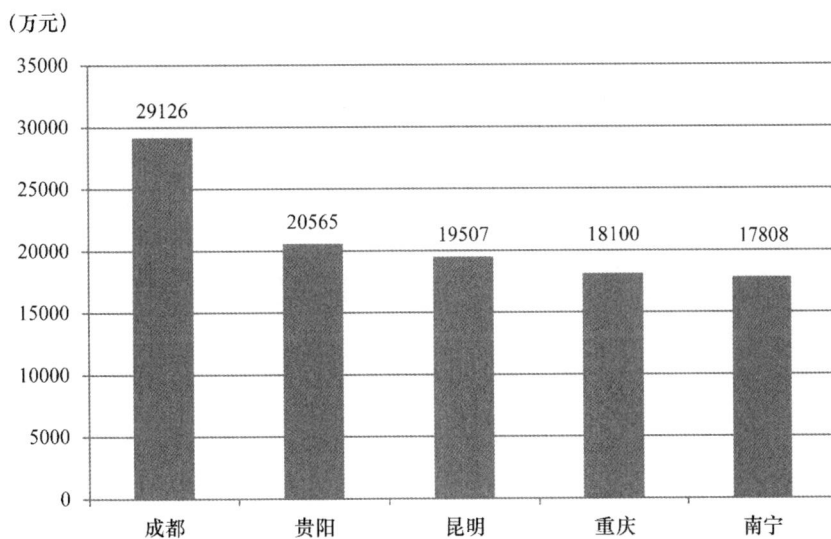

图 3 - 17　2021 年昆明与成都、贵阳、重庆、南宁农村居民
可支配收入的比较

二　昆明"社会服务"现代化分指数分析

（一）昆明"社会服务"指数得分

昆明社会治理现代化服务（"社会服务"）指数得分2019年为83.95分；2020年为86.83分；2021年为86.10分（见图3-18）。

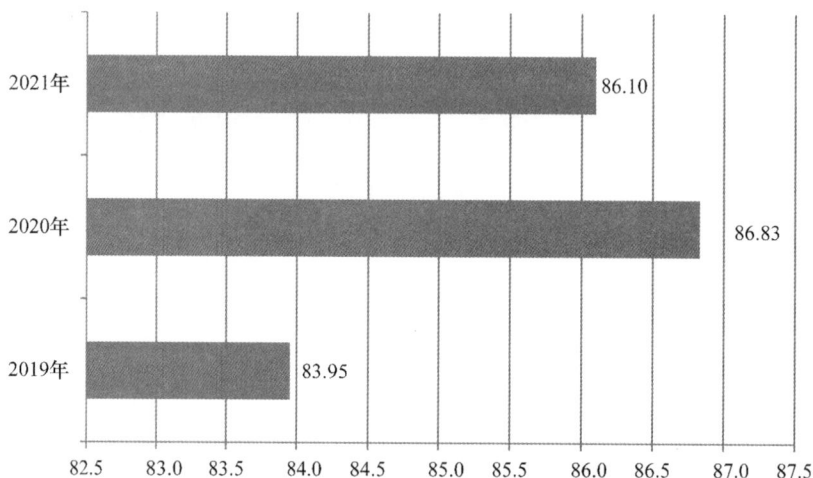

图3-18　2019—2021年昆明市社会服务指数得分

（二）昆明"社会服务"进步指数

2020年，昆明的社会服务指数相较于2019年进步了3.43%；2021年相较于2019进步了2.56%（见图3-19）。

（三）昆明"社会服务"指数的若干核心指标分析

1. 人均体育场地面积

2019—2021年，昆明的人均体育场地面积分别为2.23平方米、2.23平方米、2.36平方米，与全国人均体育场地面积比较，分别高出0.15平方米、0.03平方米、低了0.05平方米（见图3-20）。

2019—2021年，昆明的人均体育场地面积平均增长率为

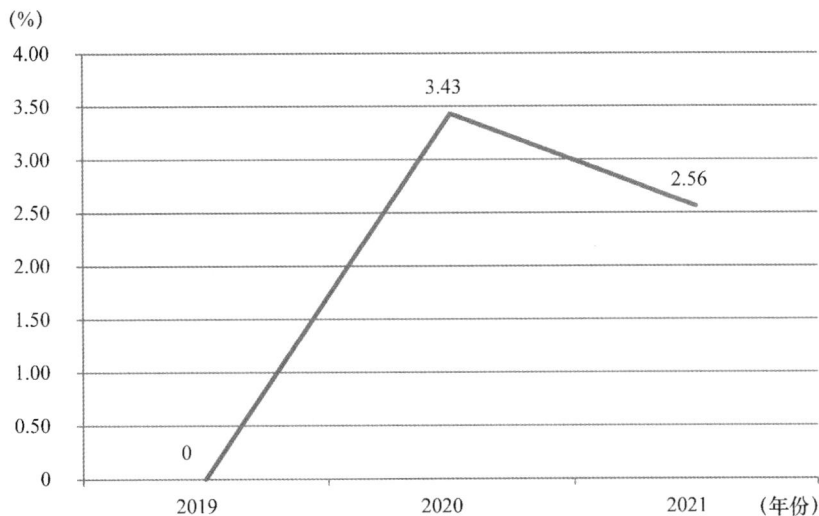

图 3-19 2019—2021 年昆明市社会服务进步指数

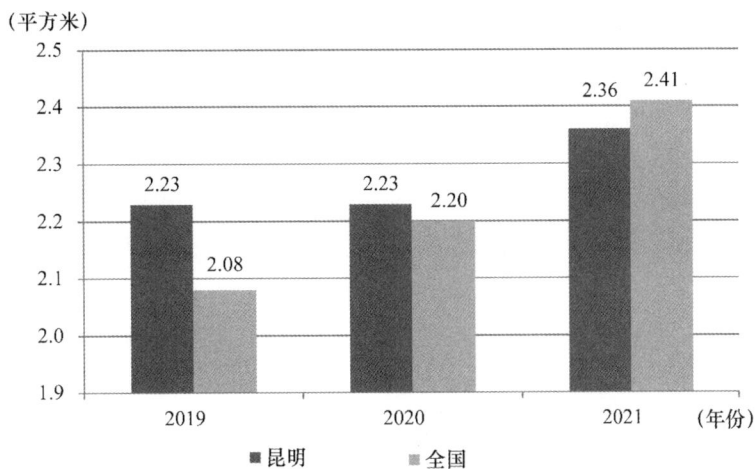

图 3-20 2019—2021 年昆明市与全国人均体育场地面积的比较

2.87%，体现了昆明在落实"健康中国"战略，不断提高昆明市民健康素质方面的投入力度。值得注意的是，2021 年昆明的人均体育场地面积比全国低了 0.05 平方米，主要原因是体育场地供给量不足，区域间、城乡间分布结构不优。

2. 每千常住人口医疗机构床位数

2019—2021 年，昆明的每千常住人口医疗机构床位数分别为 9.22 张、7.76 张、7.65 张，与全国每千常住人口医疗机构床位数比较，分别高出 2.92 张、1.3 张、0.88 张（见图 3 – 21）。

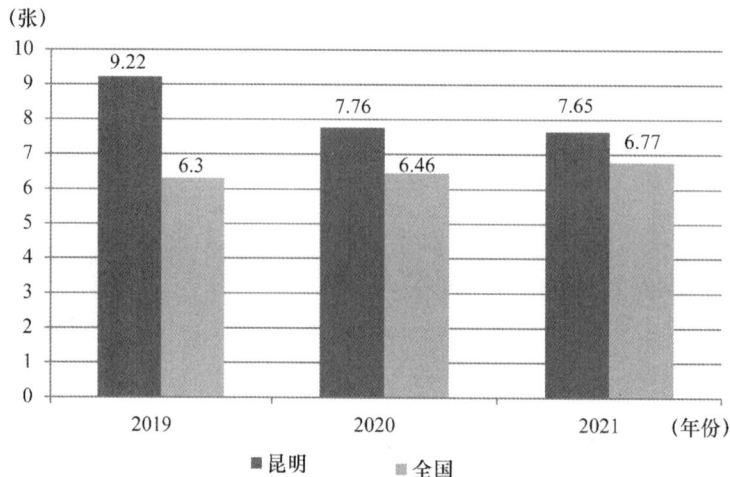

图 3 – 21　2019—2021 年昆明市与全国每千常住人口医疗机构床位数的比较

医疗卫生机构床位数不仅反映了一个城市的医疗卫生资源，而且是关系到医疗卫生机构卫生设施水平的重要因素之一。尤其是当一个城市一旦面临各种突如其来的疫情冲击，病人不断增加的情况下能否做到"应收尽收"，与医疗卫生机构床位数密切相关。

3. 每千常住人口执业医师数

2019—2021 年，昆明的每千常住人口执业医师数，分别为 4.57 人、3.96 人、4.02 人，比全国每千人口执业医师数分别高出 1.80 人、1.06 人、1 人（见图 3 – 22）。

4. 每万常住人口全科医生数

2019—2021 年，昆明的每万常住人口全科医生人数，分别为 2.47 人、1.93 人、1.41 人，比全国每万人口全科医生人数分别低了 0.14 人，0.97 人，1.67 人（见图 3 – 23）。

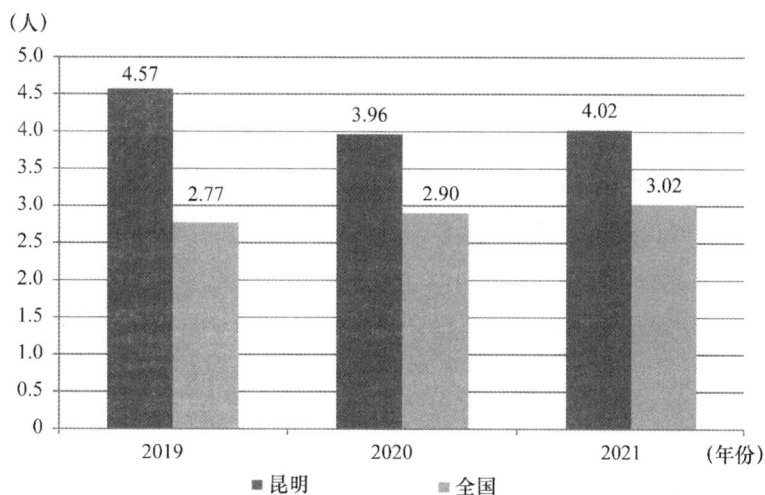

图 3 - 22　2019—2021 年昆明市与全国每千人口执业医师数的比较

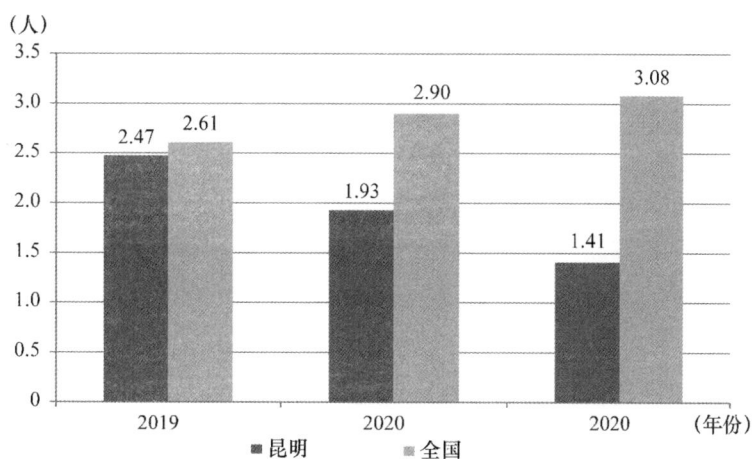

图 3 - 23　2019—2021 年昆明市和全国每万人口全科医生数的比较

全科医生又称家庭医师（家庭医生），全科医生一般是以门诊形式处理常见病、多发病及一般急症的多面手。社区全科医生常以家访的形式上门处理家庭的病人，根据病人的不同情况建立不同的家庭病床及其医疗档案。全科医生是综合程度较高的医学人才，是社区居民健康的"守门人"，也是医疗服务体系"金字塔"的基石。

三　昆明"社会环境"现代化分指数分析

（一）昆明"社会环境"指数得分

昆明社会治理现代化环境（"社会环境"）指数得分2019年为80.18分；2020年为80.55分；2021年为80.41分；（见图3-24）。

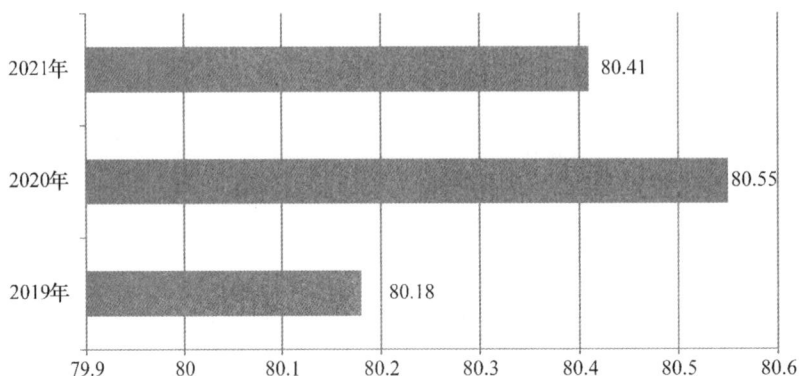

图 3-24　2019—2021 年昆明市社会环境指数得分

由上可见，2021 年昆明"社会环境"指数的得分，比 2020年低 0.14 分。主要原因在于昆明的"人均公园绿地面积"是明显的短板；同时，西山区、宜良县、寻甸县、呈贡区、安宁市、富民县均出现了劣于 V 类水体。

（二）昆明"社会环境"进步指数

2020 年，昆明的社会环境指数相对 2019 年进步了 0.46%，2021 年相对 2019 进步了 0.29%（见图 3-25）。

（三）昆明"社会环境"指数的若干核心指标分析

1. 生活垃圾无害化处理率

2019—2021 年，昆明的生活垃圾无害化处理率均为 100%；

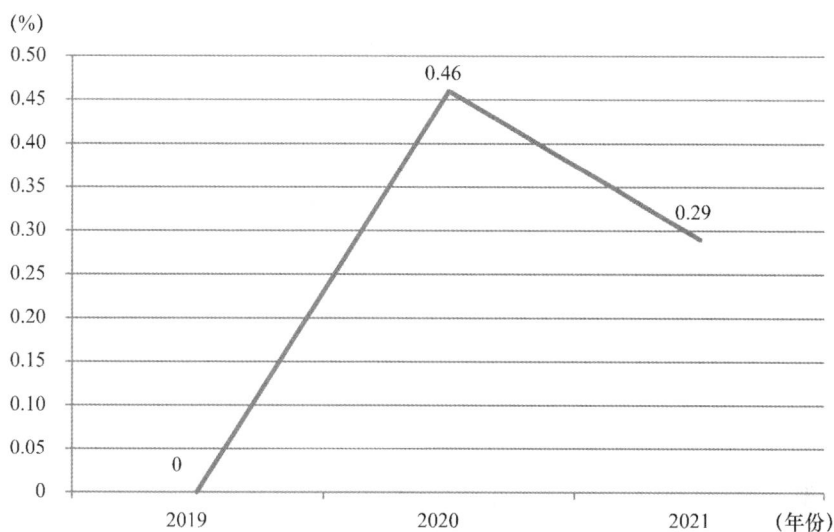

图 3 - 25　2019—2021 年昆明市社会环境进步指数

与全国生活垃圾无害化处理率比较，分别高了 0.8%、0.3%、0.1%（见图 3 - 26）。

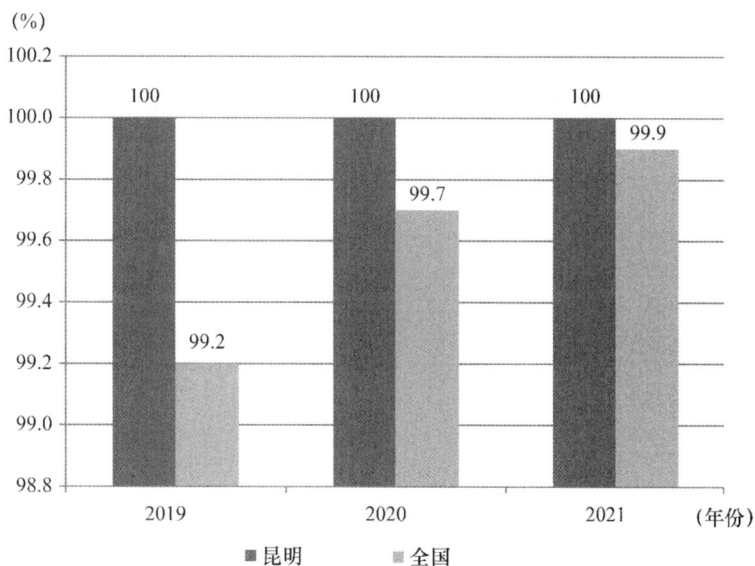

图 3 - 26　2019—2021 年昆明市与全国生活垃圾无害化处理率的比较

2. 城市声环境功能区夜间监测总点次达标率

2019—2021 年，昆明城市声环境质量：城市声环境功能区夜间监测总点次达标率分别为 66.8%、88.7%、88.5%，2019年与全国城市声环境功能区夜间监测总点次达标率的平均值比较，低了 7.6%；2020 年、2021 年与全国的平均值比较，分别高出 8.6%、5.6%（见图 3-27）。

昆明 2020 年、2021 年连续两年的城市声环境质量首次高出全国的平均水平，说明昆明在城市声环境管理上有较大投入。

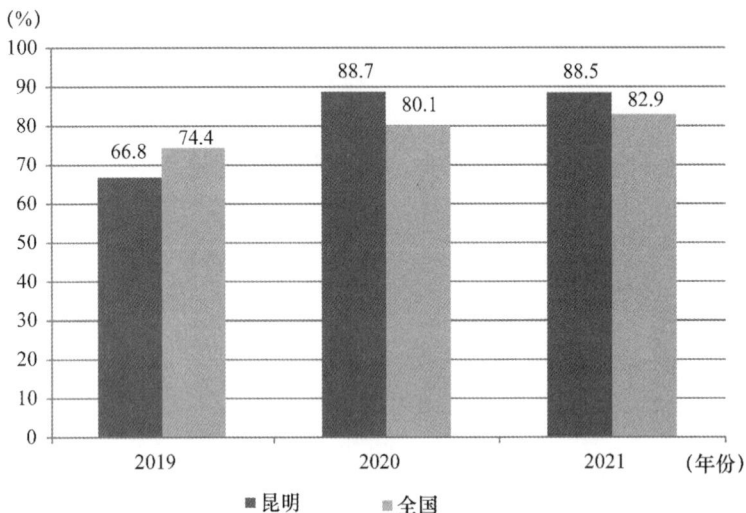

图 3-27　2019—2021 年昆明市与全国城市声环境功能区夜间监测总点次达标率的比较

3. 食品抽检合格率

2019—2021 年，昆明的食品抽检合格率分别为 98.22%、98.48%、98.35%，与全国食品抽检合格率比较，分别高出0.62%、0.79%、1.04%（见图 3-28）。

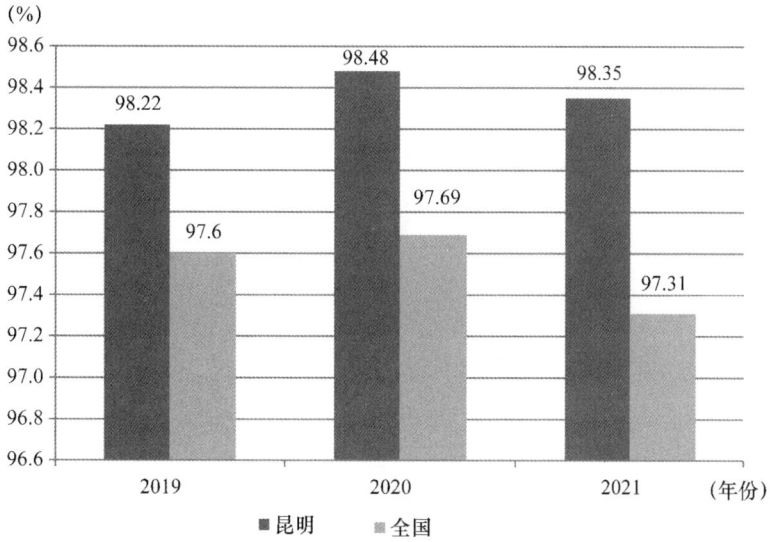

图 3 - 28 2019—2021 年昆明市与全国食品抽检合格率的比较

第四章 昆明县域社会治理现代化指数

根据评价县域社会治理现代化的指数体系，本章着重分析2022年昆明县域社会治理现代化综合指数，以及社会活力、社会服务、社会环境三类分指数的得分和排序。

一 昆明县域社会治理现代化综合指数

（一）昆明县域社会治理现代化综合指数得分和排序

根据昆明16个县（市）区、开发（度假）区提供的2022年评价县域社会治理水平的21个指标，通过主成分数学建模，计算昆明县域社会治理现代化的综合指数得分，以及16个县（市）区、开发（度假）区社会治理现代化综合指数得分及其排序。

1. 昆明县域社会治理现代化综合指数得分

2022年，根据昆明县域社会治理现代化21个指标，采集2021年数据，运用主成分数学建模，计算出昆明县域社会治理现代化综合指数得分为79.49分。与2021年、2020年昆明县域社会治理现代化治理综合指数得分相比，情况如下：

昆明县域社会治理现代化综合指数2020年得分为76.65分，2021年得分为78.03分，2022年得分为79.49分，年度综合指数得分持续上升（见图4-1）。

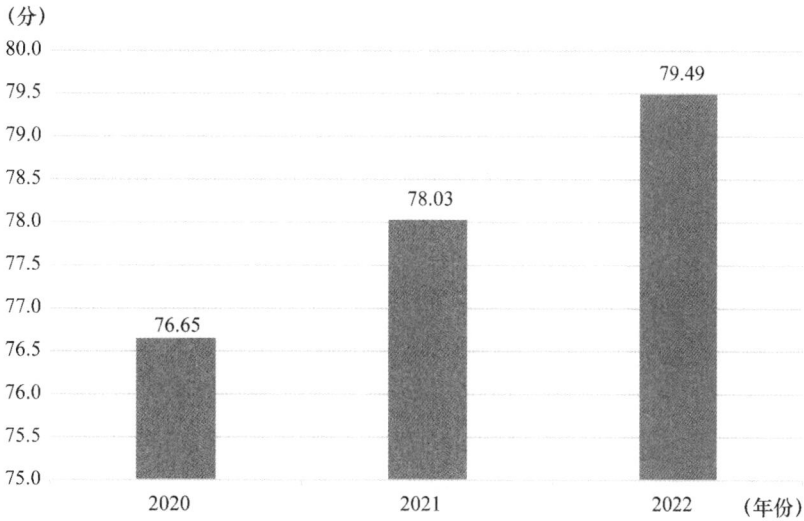

图 4 - 1　昆明市县域社会治理现代化综合指数得分

　　昆明县域社会治理现代化综合指数得分在 2020—2022 年呈稳步上升趋势。以 2020 年为基础进行比较，2021 年社会治理综合指数得分较 2020 年提升了 1.80%，2022 年社会治理综合指数得分较 2020 年提升了 3.71%（见图 4 - 2）。

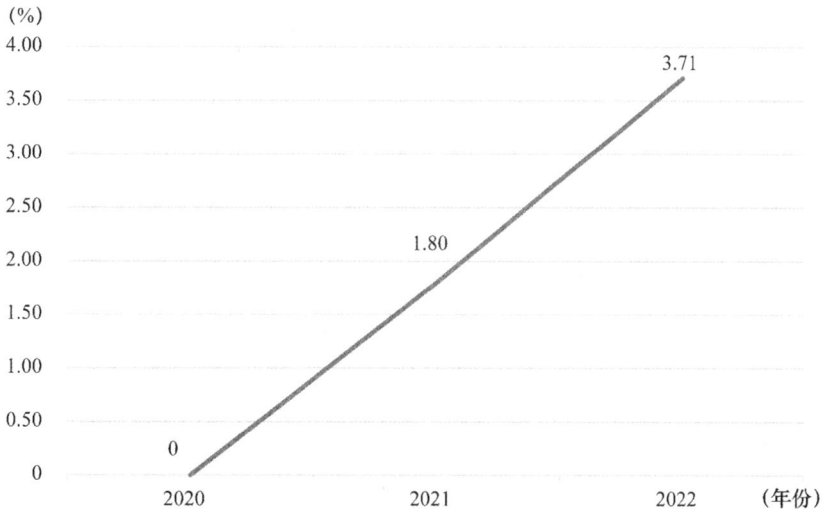

图 4 - 2　昆明市县域社会治理现代化综合指数增长率

2. 昆明16个县（市）区、开发（度假）区社会治理现代化指数得分排名

2022 年，昆明 16 个县（市）区、开发（度假）区的社会治理现代化综合指数百分制得分排名如下：排名第 1 的官渡区，得分 89.10 分；排名最后的东川区，得分 72.78 分（见图 4 - 3）。第 1 名官渡区和最后 1 名东川区相差 16.32 分。

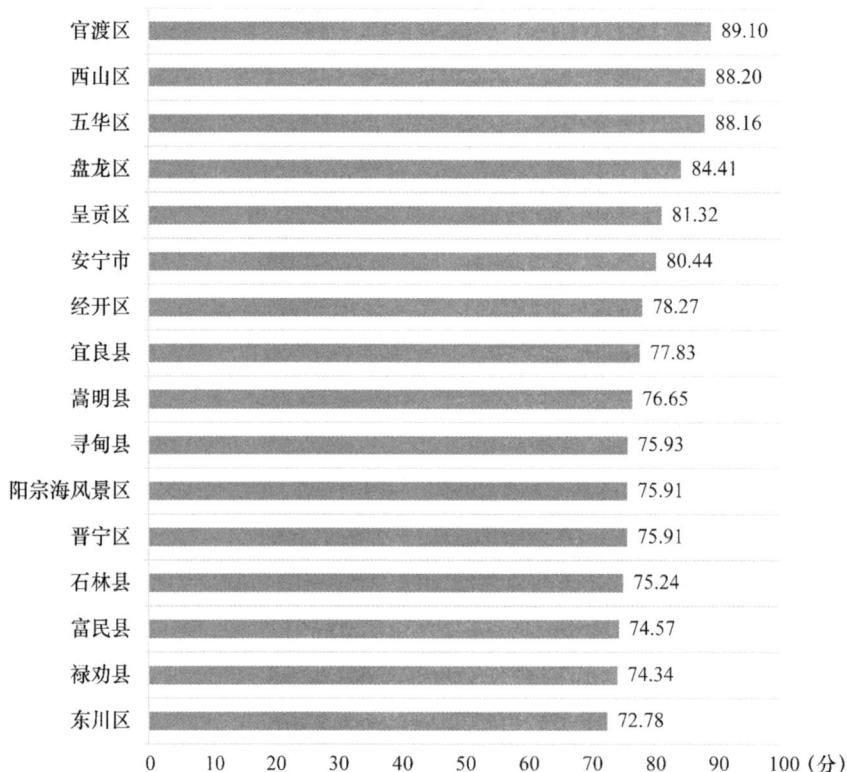

图 4 - 3　昆明市 16 个县（市）区社会治理综合指数得分

（二）昆明县域社会治理现代化综合指数比较分析

昆明 16 个县（市）区社会治理现代化综合指数排在前三名的分别为：官渡区 89.10 分、西山区 88.20 分、五华区 88.16 分；排在后三名的为：富民县 74.57 分、禄劝县 74.34 分、东川区 72.78 分（见图 4 - 4）。

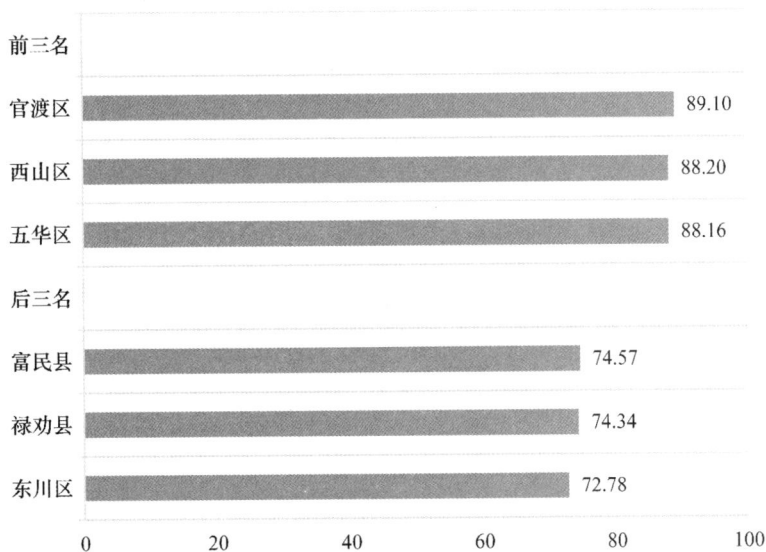

图 4 - 4　昆明市 16 个县（市）区社会治理综合指数前三名与后三名

1. 排位前三名县（市）区综合指数分析

第一，官渡区社会治理现代化综合指数得分 89.10 分，位居昆明市第 1。从 3 项分指数看，官渡区"社会活力"指数得分为 96.42 分，位居第 1 名；"社会环境"指数得分为 84.22 分，位居第 3 名；"社会服务"指数得分 72.55 分，位居第 5 名。

官渡区位居第 1 还在于：探索形成了"一核多维、共建共享"社会治理模式，凸显社会治理亮点。一是以"三段六步工作法"推进社区协商共治，探索出太和街道以基层民主协商方式解决老旧小区微改造难题的新路径，形成基层协商民主工作的"官渡标准"，推动政府治理和社会调节、居民自治良性互动；二是打造"红色物业"，推出"先锋服务团""红邻党支部"，及社区和物业公司"交叉任职"等物业管理服务模式。创新构建"社区党总支 + 小区党支部 + 社会组织 + 社工 + 小区自管小组 + 社会工作联盟单位""六位一体"的治理机制，促进社区为民服务优化升级；三是完善官渡区社会治理创新创享中心平台建设和政府购买服务保障，积极引进各类社会组织，持续挖掘和培育社区社会组织参与社会治理、公共服务，不断激发社会活力。

第二，西山区社会治理现代化综合指数得分88.20分，位居昆明市第2。从3项分指数看，西山区"社会服务"指数得分89.15分，位居第1名；"社会活力"指数得分90.85分，位居第3名；"社会环境"指数得分81.44分，位居第10名。综合指数据此排名靠前。西山综合指数排名靠前的主要经验：聚焦善治、自治、精治、共治、法治"五治"，创新党建引领网格治理机制，创新发展新时代"枫桥经验"，社会治安持续向好，西山区社会治理工作迈出了坚实步伐，被评为2021年"中国最具安全感百佳县市"。

第三，五华区社会治理现代化综合指数得分88.16分，位居昆明市第3。从3项分指数看，五华区"社会活力"指数得分91.19分，位居第2名；"社会服务"指数得分85.07分，位居第2名；"社会环境"指数得分81.77分，位居第9名。从深层次原因看，五华区社会治理综合指数得分排名靠前，主要在于五华区秉持"高位推动、顶层设计、创新求变、品牌示范"，不断加强党对社会治理工作的领导，提升治理体系化和组织化水平，不断提高保障和改善民生、加强和创新社会治理的能力水平。

2. 排位后三名县（市）区综合指数分析

从后3名来看，富民县、禄劝县、东川区得分均未达到75分，全部低于平均值79.49分。与排名前列的县（市）区有一定的差距（见图4-3）。

第一，富民县社会治理现代化综合指数得分74.57分，倒数第3。从3项分指标看，富民县"社会活力"指数得分74.99分，位居第13名；"社会服务"指数得分62.77分，位居第13名；"社会环境"指数得分80.06分，位居第11名。由于社会活力指数、社会服务指数、社会环境指数都排在倒数的位置，故综合指数得分排名后列。

第二，禄劝县社会治理现代化综合指数得分74.34分，倒数第2。从3项分指标看，禄劝县"社会活力"指数得分68.19分，位居第16名；"社会服务"指数得分69.62分，位居第7名；"社会环境"指数得分84.25分，位居第2名。虽然禄劝县的社会环境指数得分高排名靠前，但是社会活力指数倒数第1名，社会服务指数排名靠后，导致禄劝县综合指数得分排名后列。

第三，东川区社会治理现代化综合指数得分72.78分，倒数第1。从3项分指数看，东川区"社会活力"指数得分70.01分，位居第15名；"社会服务"指数得分63.23分，位居第11名；"社会环境"指数得分79.54分，位居第14名。东川区的社会活力指数、社会服务指数和社会环境指数排名较后导致了综合指数得分排名倒数第1。

二 昆明县域"社会活力"现代化指数分析

昆明县域社会活力现代化指数作为昆明县域社会治理现代化综合指数构成要素之一，从一个侧面反映了昆明县域社会治理现代化的水平，以下对其作比较分析。

（一）昆明县域社会活力现代化指数得分和排名
1. 昆明县域社会活力现代化指数得分

2022年昆明县域社会活力现代化指数得分为81.59分。与2021年、2020年昆明县域社会活力现代化指数得分相比，情况如下：

昆明县域社会活力现代化指数2020年得分为76.41分，2021年得分为78.75分，2022年得分为81.59分，年度指数得分持续上升（见图4-5）。

昆明县域社会活力现代化指数得分在2020—2022年呈稳步上升趋势。以2020年为基础进行比较，2021年社会活力现代化

（分）

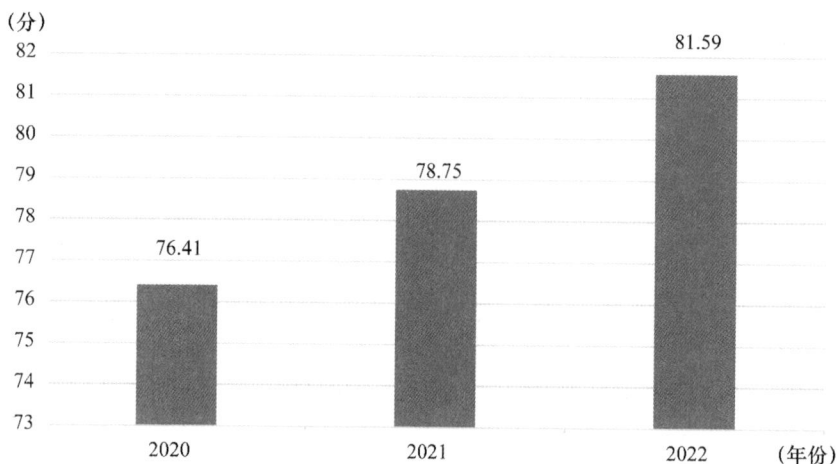

图 4-5 昆明市县域社会活力现代化指数得分

指数得分较 2020 年提升了 3.06%，2022 年社会活力现代化指数得分较 2020 年提升了 6.78%（见图 4-6）。

（%）

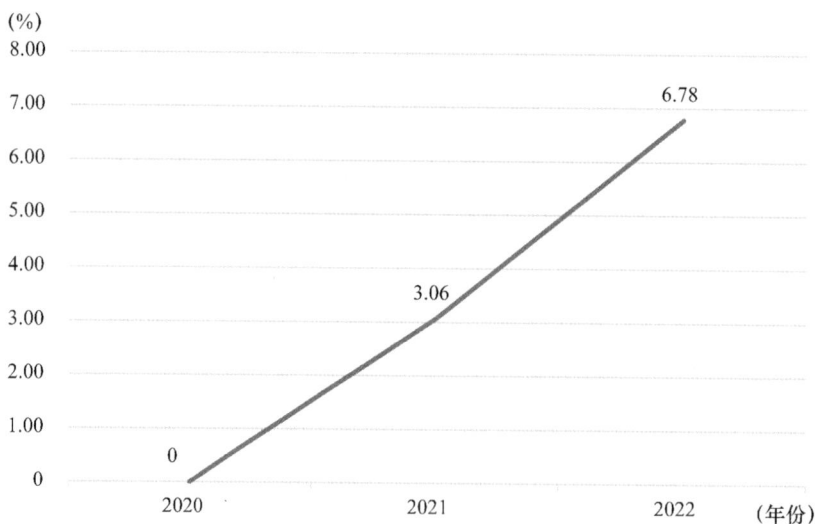

图 4-6 昆明市县域社会活力现代化指数增长率

2. 昆明 16 个县（市）区、开发（度假）区社会活力现代化指数得分排名

2022 年，昆明县域社会活力现代化指数得分排名第 1 的官

渡区，得分 96.42 分；最后 1 名禄劝县，得分 68.19 分（见图 4 - 7）。第 1 名与最后 1 名相差 28.23 分。

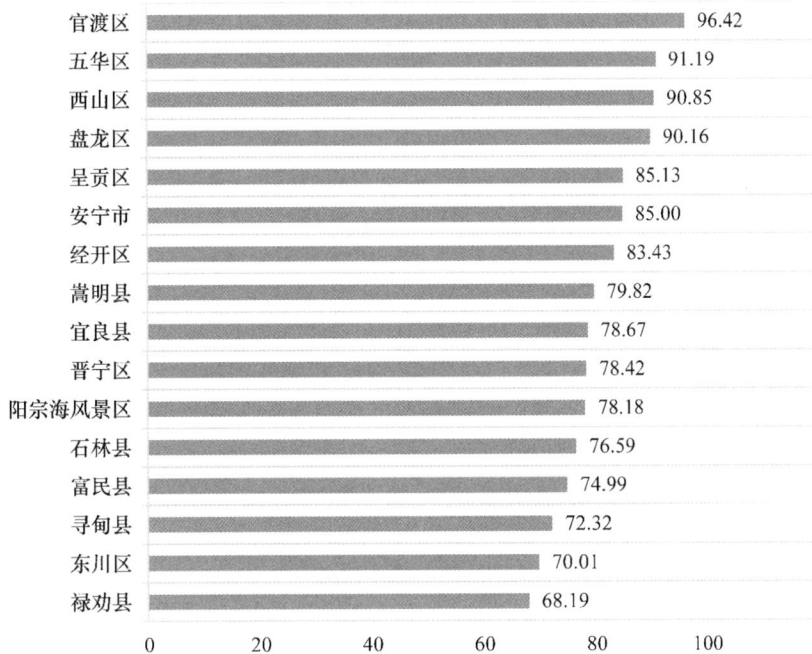

县（市）区	得分
官渡区	96.42
五华区	91.19
西山区	90.85
盘龙区	90.16
呈贡区	85.13
安宁市	85.00
经开区	83.43
嵩明县	79.82
宜良县	78.67
晋宁区	78.42
阳宗海风景区	78.18
石林县	76.59
富民县	74.99
寻甸县	72.32
东川区	70.01
禄劝县	68.19

图 4 - 7 昆明市 16 个县（市）区社会活力现代化指数得分

（二）昆明县域社会活力现代化指数比较分析

2022 年，昆明县域社会活力现代化指数得分排名前 3 位的分别是：官渡区，得分 96.42 分；五华区，得分 91.19 分；西山区，得分 90.85 分。三个区的社会活力现代化指数得分均在 90 分以上。

排名后 3 位的分别是：寻甸县，得分 72.32 分；东川区，得分 70.01 分；禄劝县，得分 68.19 分。这三个县（市）区社会活力现代化指数得分均在平均值 81.59 分以下。

（三）昆明县域社会活力现代化指数相关指标排序

昆明县域社会活力现代化指数包括"年末城镇常住人口数

（万人）""城镇居民人均可支配收入（万元）""农村居民人均可支配收入（万元）""地区生产总值（万元）""居民储蓄存款余额（亿元）""注册志愿者人数占本地常住人口比例（%）""有志愿服务时间记录的志愿者人数占注册志愿者总人数的比例（%）""《国民体质测定标准》合格以上的人数比例（%）"8个评价指标。采集2021年8个评价指标数据并作排序，以便于各县（市）区从中发现各自的优势与短板。

1. 年末城镇常住人口数

在年末城镇常住人口数中，昆明16个县（市）区差距很大。排名第1的官渡区和排名最后1名的阳宗海风景区相差157.11万人（见图4-8）。

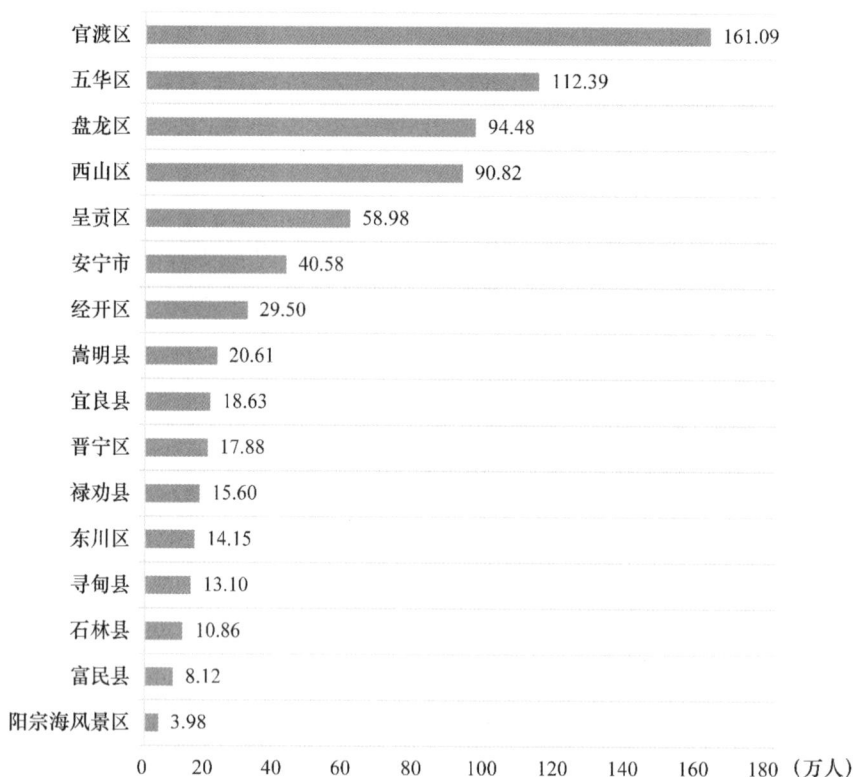

图4-8　昆明市16个县（市）区、开发（度假）区年末城镇常住人口数

昆明市16个县（市）区、开发（度假）区年末城镇常住人口数排名前3的为：官渡区，161.09万人；五华区，112.39万人；盘龙区，94.48万人。

排名后3的为：石林县，10.86万人；富民县，8.12万人；阳宗海风景区，3.98万人。

2. 城镇居民人均可支配收入

在城镇居民人均可支配收入中，昆明市14个县（市）区（经开区与阳宗海风景区没有数据）城镇居民人均可支配收入差距较小，排名第1的盘龙区与排名最后的东川区相差1.35万元（见图4-9）。

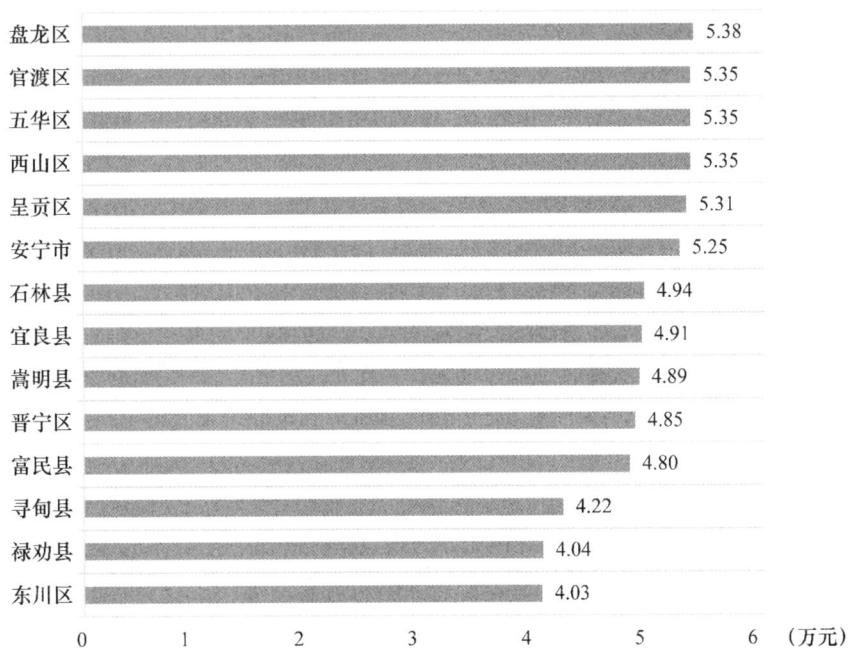

区县	数值
盘龙区	5.38
官渡区	5.35
五华区	5.35
西山区	5.35
呈贡区	5.31
安宁市	5.25
石林县	4.94
宜良县	4.91
嵩明县	4.89
晋宁区	4.85
富民县	4.80
寻甸县	4.22
禄劝县	4.04
东川区	4.03

图4-9　昆明市14个县（市）区、开发（度假）区城镇居民
人均可支配收入

昆明市14个县（市）区（经开区与阳宗海风景区没有数据）城镇居民人均可支配收入排名前4的为：盘龙区，5.38万元；官渡区、五华区、西山区并列第2，5.35万元。

排名后 3 的为：寻甸县，4.22 万元；禄劝县，4.04 万元；东川区，4.03 万元（见图 4 - 9）。

3. 农村居民人均可支配收入

昆明市 14 个县（市）区（经开区与阳宗海风景区没有数据）农村居民人均可支配收入差距较小。排名第 1 的官渡区和排名最后的东川区相差 1.49 万元（见图 4 - 10）。

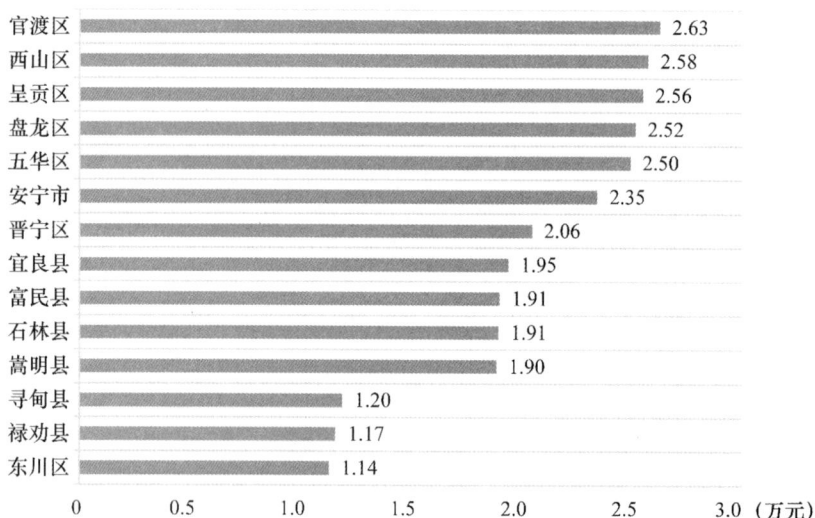

图 4 - 10　昆明市 14 个县（市）区、开发（度假）区农村居民
人均可支配收入

2021 年昆明市 14 个县（市）区（经开区与阳宗海风景区没有数据）农村居民人均可支配收入排名前 3 的为：官渡区，2.63 万元；西山区，2.58 万元；呈贡区，2.56 万元。

排名后 3 的为：寻甸县，1.20 万元；禄劝县，1.17 万元；东川区，1.14 万元。

4. 地区生产总值

昆明市 14 个县（市）区（阳宗海风景区没有数据）地区生产总值差距很大。排名第 1 的官渡区和排名最后的富民县相差 13289129 万元（见图 4 - 11）。

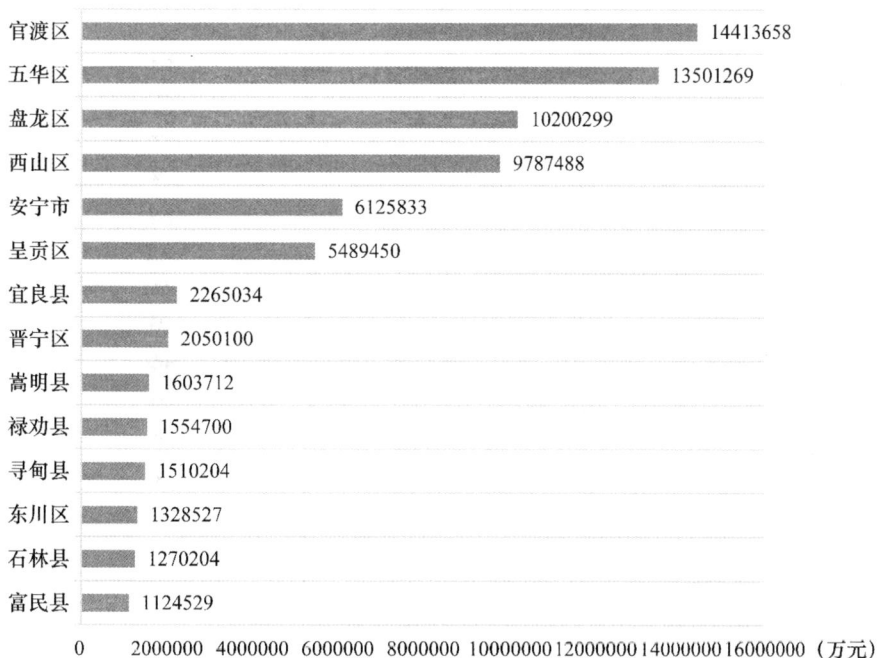

图 4 - 11　昆明市 14 个县（市）区、开发（度假）区地区生产总值

昆明市 14 个县（市）区（阳宗海风景区没有数据）地区生产总值排名前 3 的为：官渡区，14413658 万元；五华区，13501269 万元；盘龙区，10200299 万元。

排名后 3 的为：东川区，1328527 万元；石林县，1270204 万元；富民县，1124529 万元。

5. 居民储蓄存款余额

昆明 13 个县（市）区（五华区、盘龙区、经开区没有提供准确数据）居民储蓄存款余额数据很不均衡。排名第 1 的官渡区和排名最后的阳宗海风景区相差 1009.30 亿元（见图 4 - 12）。

昆明 13 个县（市）区（五华区、盘龙区、经开区没有提供准确数据）居民储蓄存款余额排名前 3 的为：官渡区，1051.53 亿元；西山区，755.06 亿元；呈贡区，366.67 亿元。

排名后 3 的为：石林县，97.36 亿元；富民县，79.28 亿元；阳宗海风景区，42.23 亿元。

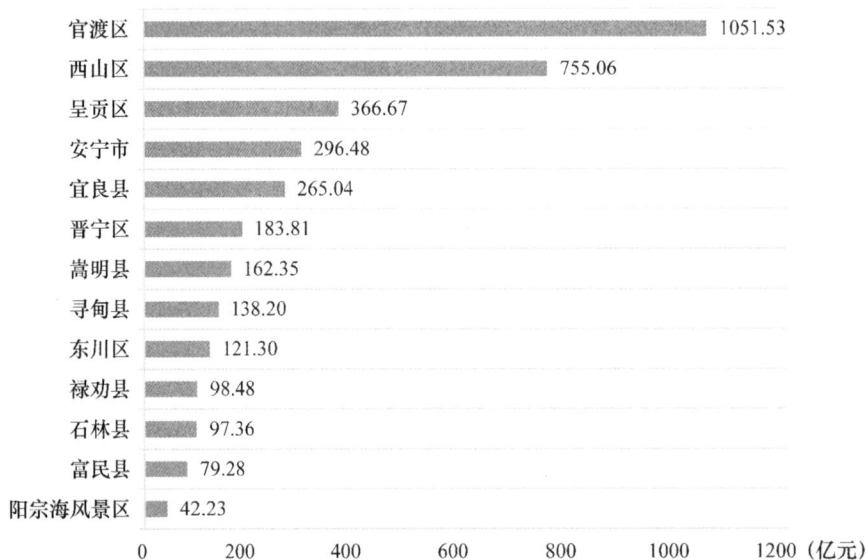

图4-12 昆明市13个县（市）区、开发（度假）区居民储蓄存款余额

6. 注册志愿者人数占本地常住人口比例

昆明市16个县（市）区注册志愿者人数占本地常住人口比例分布非常不均衡。排名第1的经开区和排名最后的阳宗海风景区相差26.53%（见图4-13）。

昆明市16个县（市）区注册志愿者人数占本地常住人口比例排名前3的为：经开区，30.62%；嵩明县，27.41%；官渡区，20.80%。

排名后3的为：呈贡区，10.50%；禄劝县，5.48%；阳宗海风景区，4.09%。

7. 有志愿服务时间记录的志愿者人数占注册志愿者总人数的比例

昆明市16个县（市）区有志愿服务时间记录的志愿者人数占注册志愿者总人数的比例分布很不均衡。排名第1的盘龙区和排名最后的官渡区相差47.40%（见图4-14）。

昆明市16个县（市）区有志愿服务时间记录的志愿者人数占注册志愿者总人数的比例排名前3的为：盘龙区，99.70%；寻甸县，91.00%；嵩明县，90.10%。

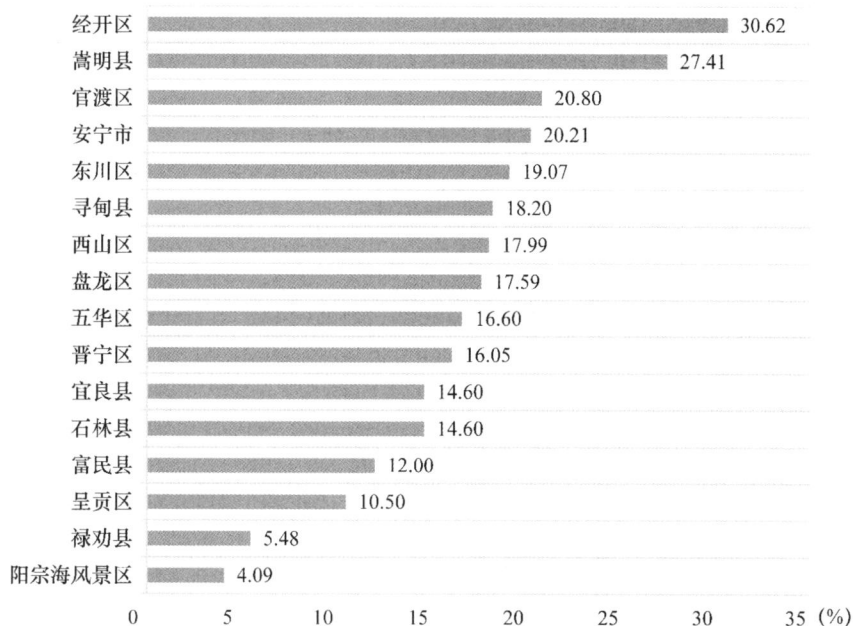

图 4 - 13　昆明市 16 个县（市）区、开发（度假）区注册
志愿者人数占本地常住人口比例

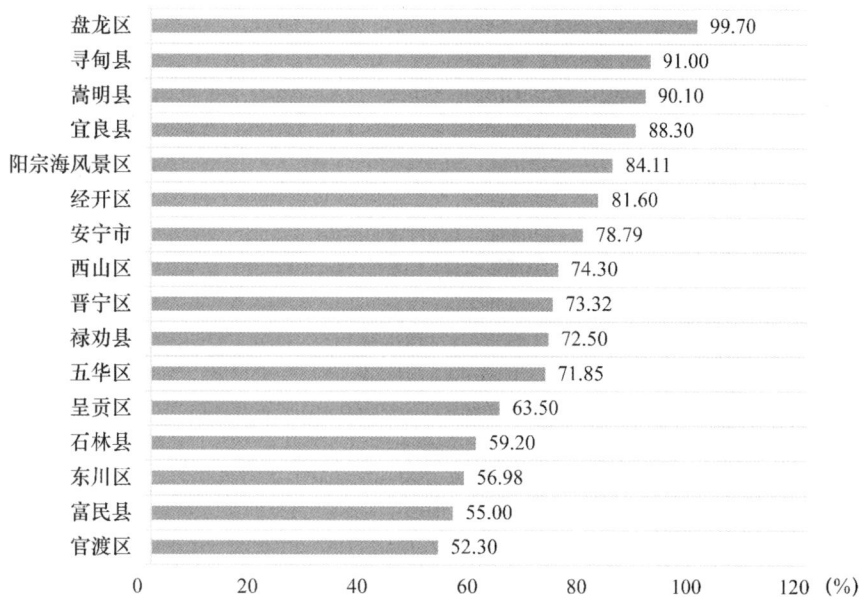

图 4 - 14　昆明市 16 个县（市）区、开发（度假）区有志愿服务时间
记录的志愿者人数占注册志愿者总人数的比例

排名后 3 的为：东川区，56.98%；富民县，55.00%；官渡区，52.30%。

8.《国民体质测定标准》合格以上的人数比例

昆明市 16 个县（市）区《国民体质测定标准》合格以上的人数比例差距较大。排名第 1 的寻甸县和排名最后的五华区相差 10%（见图 4 - 15）。

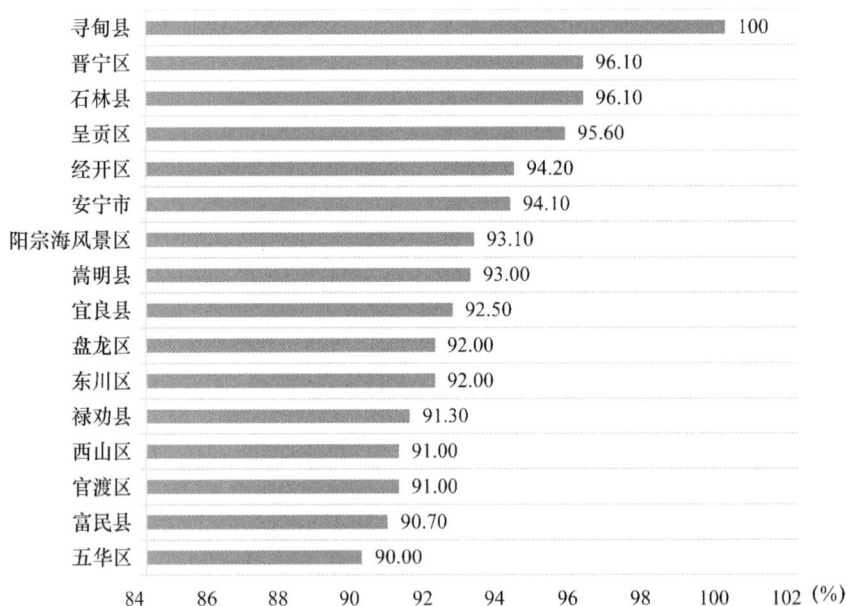

图 4 - 15　昆明市 16 个县（市）区、开发（度假）区《国民体质测定标准》合格以上的人数比例

昆明市 16 个县（市）区（经开区、阳宗海风景区没有数据）《国民体质测定标准》合格以上的人数比例排名前 3 的为：寻甸县，100%；晋宁区，96.10%；石林县，96.10%。

排名后 4 的为：官渡区，91.00%；西山区，91.00%；富民县，90.70%；五华区，90.00%。

三　昆明县域"社会服务"现代化指数分析

(一) 昆明社会服务现代化指数得分和排名

1. 昆明县域社会服务现代化指数得分

2022 年昆明县域社会服务现代化指数得分为 69.47 分。与 2021 年、2020 年昆明县域社会服务现代化指数得分相比，情况如下：

昆明县域社会服务现代化指数 2020 年得分为 66.88 分，2021 年得分为 69.53 分，2022 年得分为 69.47 分，年度指数得分先升后降 (见图 4 – 16)。

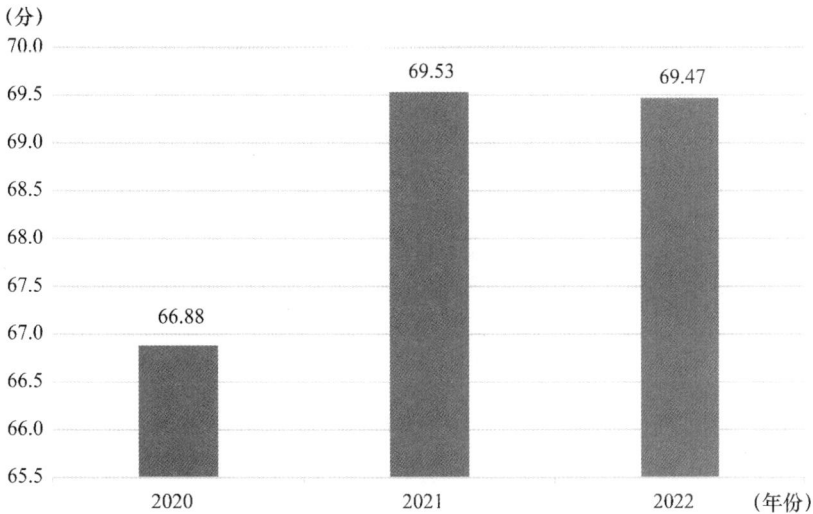

图 4 – 16　昆明市县域社会服务现代化指数得分

昆明县域社会服务现代化指数得分在 2020—2022 年呈先上升再下降的变化趋势。以 2020 年为基础进行比较，2021 年社会服务现代化指数得分较 2020 年提升了 3.96%，2022 年社会服务现代化指数得分较 2020 年提升了 3.87% (见图 4 – 17)。

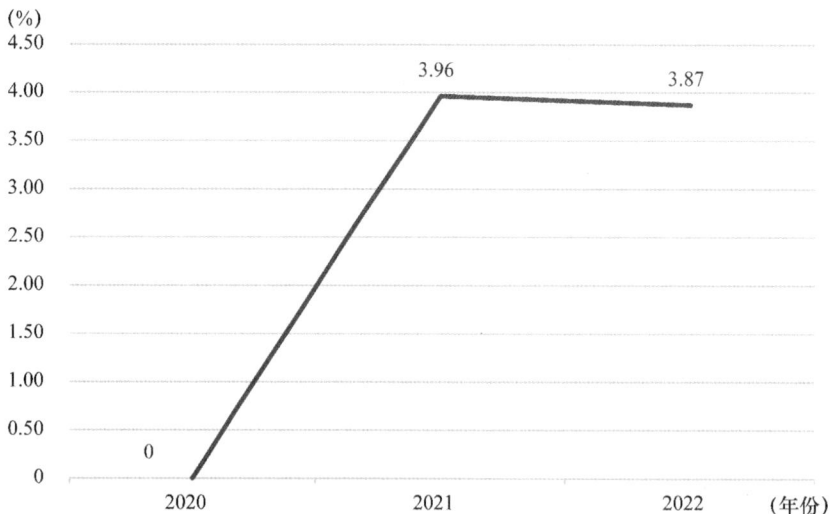

图 4 - 17　昆明市县域社会服务现代化指数增长率

2022 年县域社会服务现代化指数比 2021 年降 0.06 分的原因在于：五华区、官渡区、呈贡区、晋宁区、宜良县以及石林县 2022 年的社会服务指数得分比起 2021 年，分别下降了 5.71 分、0.6 分、0.31 分、0.17 分、0.30 分以及 0.06 分。

2. 昆明 16 个县（市）区、开发（度假）区社会服务现代化指数得分排名

2022 年昆明县域社会服务现代化指数排名第 1 名的是西山区，得分 89.15 分；最后 1 名是经开区，得分 59.43 分（详见图 4 - 18）。第 1 名与最后 1 名相差 29.72 分。

（二）昆明县域社会服务现代化指数比较分析

2022 年，县域社会服务指数现代化得分排名前 3 位的分别是：西山区，得分 89.15 分；五华区，得分 85.07 分；阳宗海风景区，得分 75.16 分。

排名后 3 位的分别是：石林县，得分 61.80 分；晋宁区，得分 61.58 分；经开区，得分 59.43 分。石林县、晋宁区、经开区县域社会服务现代化指数普遍低于平均值 69.47 分，排名后 3 位。

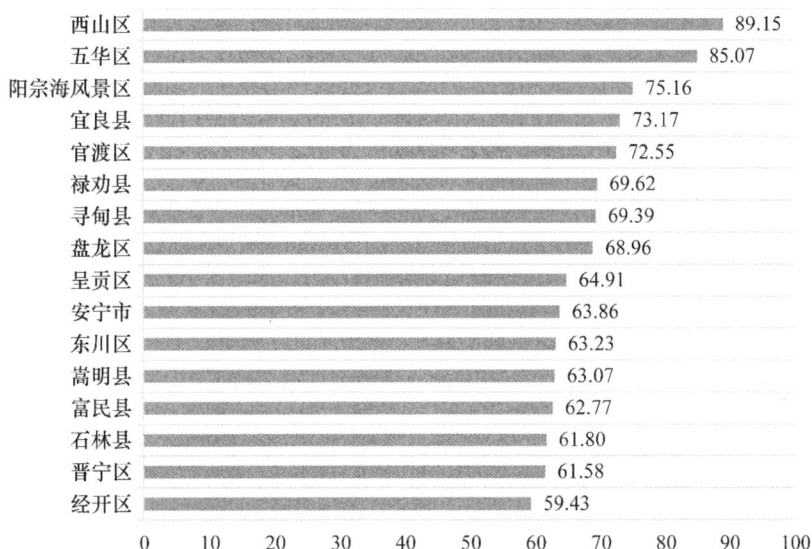

图 4 - 18　昆明市 16 个县（市）区社会服务现代化指数得分

（三）县域社会服务现代化指数相关指标排序

县域社会服务现代化指数主要包括人均体育场地面积（平方米）、医疗卫生机构床位数（张）、每千名常住人口公共卫生人员数（人）、生均义务教育公用经费支出（元）、普通中学在校学生数（人）、各种社会福利收养性单位数（个）、行政村 4G 覆盖率（%）7 个评价指标。采集 2021 年 7 个评价指标数据并作排序，以便各县（市）区从中发现各自的优势与短板。

1. 人均体育场地面积

昆明市 16 个县（市）区人均体育场地面积分布非常不均衡。排名第 1 的呈贡区和排名最后的官渡区相差 4.25 平方米（见图 4 - 19）。

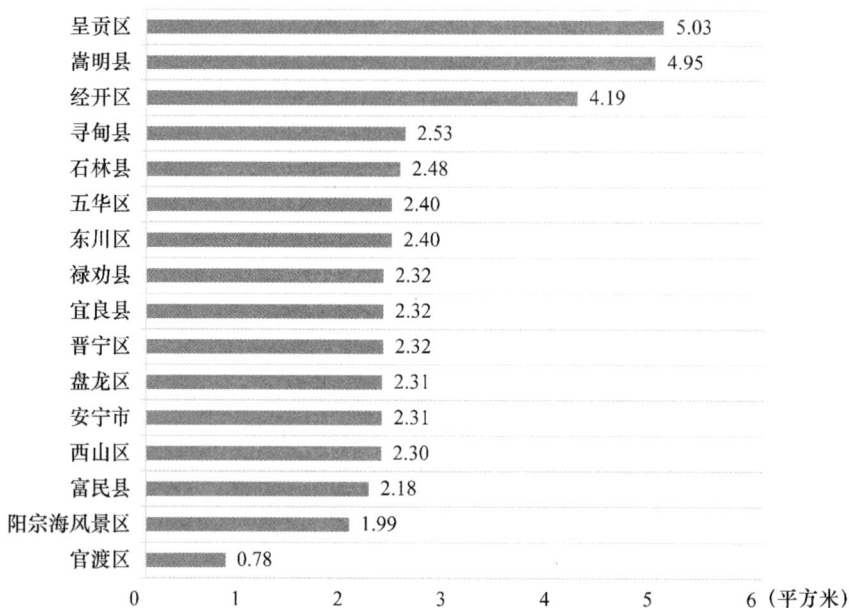

图4-19　昆明市16个县（市）区、开发（度假）区人均体育场地面积

昆明市16个县（市）区人均体育场地面积排名前3的为：呈贡区，5.03平方米；嵩明县，4.95平方米；经开区，4.19平方米。

排名后3的为：富民县，2.18平方米；阳宗海风景区，1.99平方米；官渡区，0.78平方米。

2. 医疗卫生机构床位数

昆明市16个县（市）区医疗卫生机构床位数（张）呈现明显的不均衡。排名第1的五华区和排名最后的阳宗海风景区相差13750张（见图4-20）。

昆明市16个县（市）区医疗卫生机构床位数（张）排名前3的为：五华区，14017张；西山区，14016张；盘龙区，7809张。

排名后3的为：富民县，940张；经开区，465张；阳宗海风景区，267张。

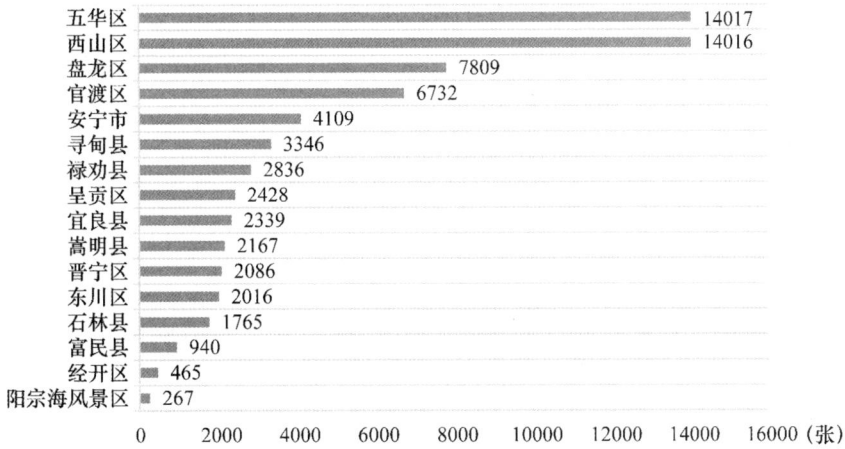

图4-20 昆明市16个县（市）区、开发（度假）区医疗卫生机构床位数

3. 每千名常住人口公共卫生人员数

昆明市16个县（市）区每千名常住人口公共卫生人员数差距不大。排名第1的经开区和排名最后的盘龙区相差5.05人（见图4-21）。

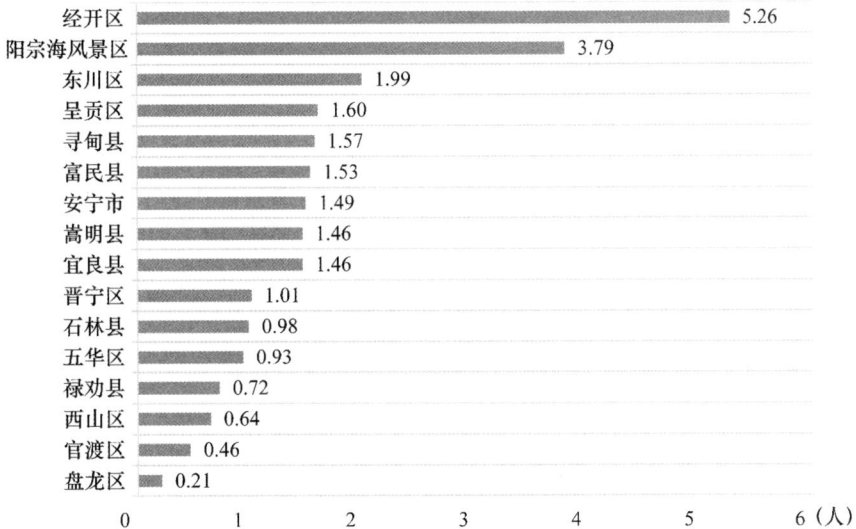

图4-21 昆明市16个县（市）区、开发（度假）区每千名常住
人口公共卫生人员数

昆明市 16 个县（市）区每千名常住人口公共卫生人员数排名前 3 的为：经开区，5.26 人；阳宗海风景区，3.79 人；东川区，1.99 人。

排名后 3 的为：西山区，0.64 人；官渡区，0.46 人；盘龙区，0.21 人。

4. 生均义务教育公用经费支出

昆明市 16 个县区生均义务教育公用经费支出差异显著。排名第 1 的阳宗海风景区与排名最后的安宁市相差 3178.14 元（见图 4 - 22）。

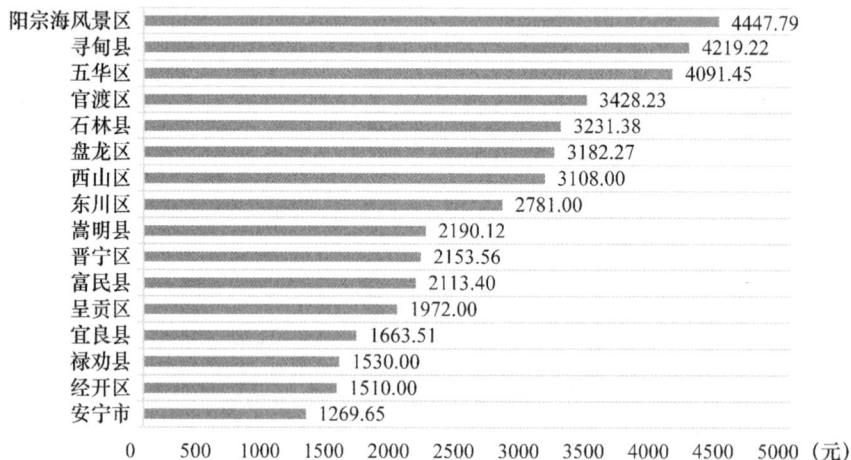

图 4 - 22　昆明市 16 个县（市）区、开发（度假）区生均义务
教育公用经费支出

昆明市县（市）区生均义务教育公用经费支出（元）排名前 3 的为：阳宗海风景区，4447.79 元；寻甸县，4219.22 元；五华区，4091.45 元。

排名后 3 的为：禄劝县，1530.00 元；经开区，1510.00元；安宁市，1269.65 元。

5. 普通中学在校学生数

昆明市 16 个县（市）区普通中学在校学生数呈现不均衡的

状态。排名第1的官渡区和排名最后的阳宗海风景区相差47141人（见图4-23）。

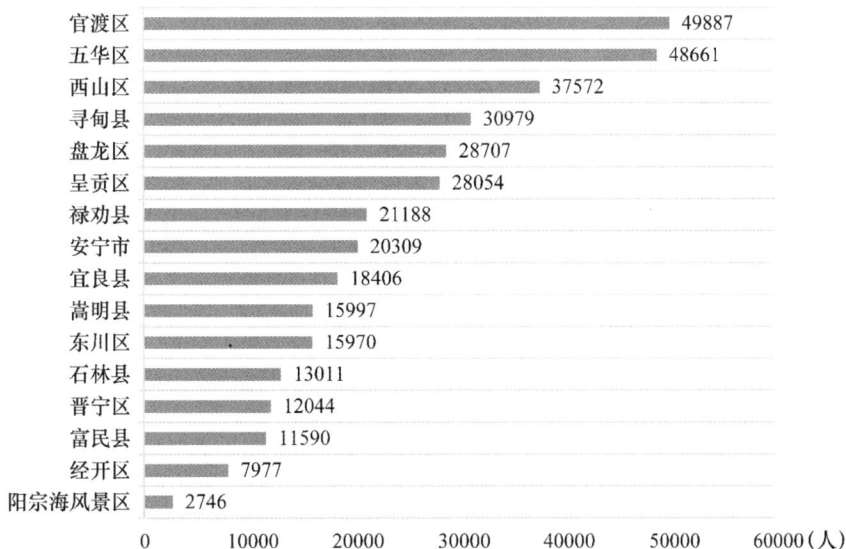

官渡区　49887
五华区　48661
西山区　37572
寻甸县　30979
盘龙区　28707
呈贡区　28054
禄劝县　21188
安宁市　20309
宜良县　18406
嵩明县　15997
东川区　15970
石林县　13011
晋宁区　12044
富民县　11590
经开区　7977
阳宗海风景区　2746

图4-23　昆明市16个县（市）区、开发（度假）区普通中学在校学生数

昆明市16个县（市）区普通中学在校学生数（人）排名前3的为：官渡区，49887人；五华区，48661人；西山区，37572。

排名后3的为：富民县，11590人；经开区，7977人；阳宗海风景区，2746人。

6. 各种社会福利收养性单位数

昆明市9个县区各种社会福利收养性单位数呈现不均衡。西山区26个、阳宗海风景区22个、五华区12个，禄劝县8个，宜良县5个，富民县2个，寻甸县2个，东川区1个，盘龙区1个，经开区、晋宁区、石林县、嵩明县、安宁市、呈贡区、官渡区均为0，故未在图中显示。（见图4-24）。

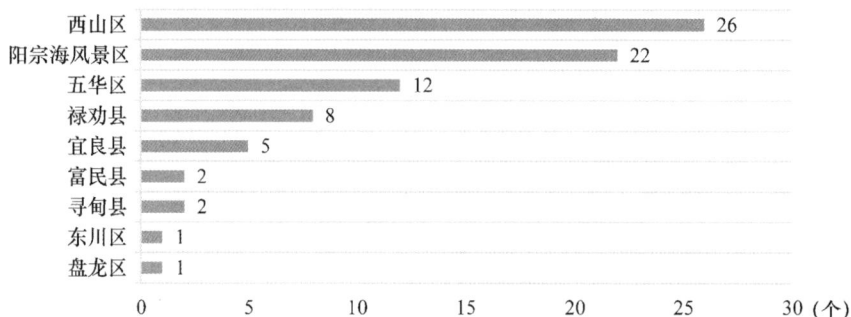

图 4－24　昆明市 9 个县（市）区、开发（度假）区各种社会福利收养性单位数

7. 行政村 4G 覆盖率

昆明市 16 个县（市）区行政村 4G 覆盖率（％）均为 100％，经开区为 99％（见图 4－25）。

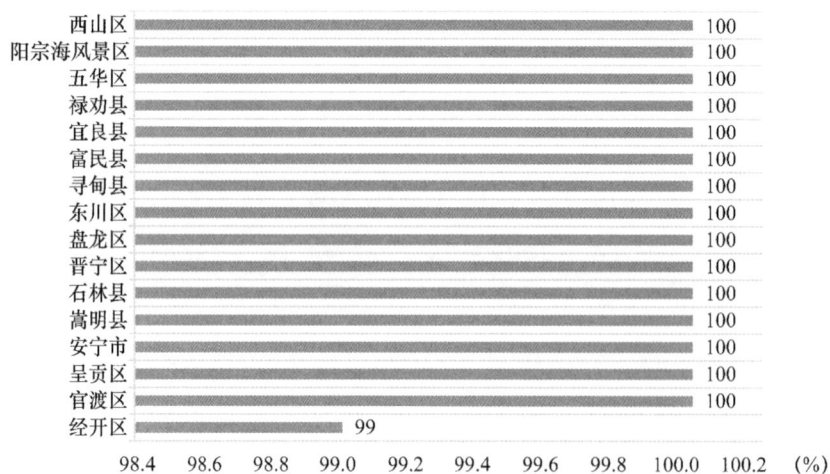

图 4－25　昆明市 16 个县（市）区、开发（度假）区行政村 4G 覆盖率

四　昆明县域"社会环境"现代化指数分析

（一）昆明县域社会环境现代化指数得分和排名

1. 昆明县域社会环境现代化指数得分

2022 年昆明县域社会环境现代化指数得分为 81.45 分。与

2021年、2020年昆明县域社会环境现代化指数得分相比，情况
如下：

昆明县域社会环境现代化指数2020年得分为80.25分，
2021年得分为80.89分，2022年得分为81.45分，年度指数得
分持续上升（见图4-26）。

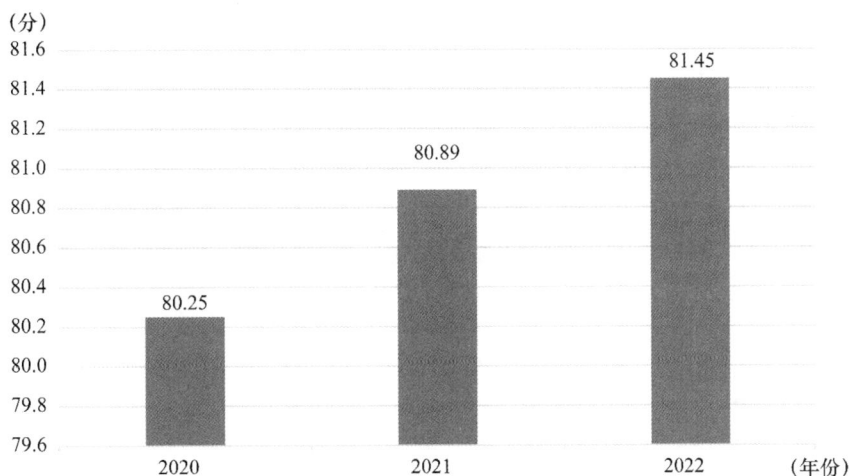

图4-26 昆明市县域社会环境现代化指数得分

昆明县域社会环境现代化指数得分在2020—2022年呈稳步
上升趋势。以2020年为基础进行比较，2021年社会环境现代化
指数得分较2020年提升了0.80%，2022年社会环境现代化指
数得分较2020年提升了1.50%（见图4-27）。

**2. 昆明16个县（市）区、开发（度假）区社会环境现代化指数
得分排名**

2022年昆明各县（市）区的县域社会环境现代化指数全部在70
分以上，其中呈贡区、禄劝县、官渡区、安宁市、盘龙区、宜良县、
经开区、寻甸县、五华区9个县（市）区在平均值81.45以上。其余
7个县（市）区均在平均值81.45以下。第1名呈贡区与最后1名阳
宗海风景区相差13.37分（图4-28）。

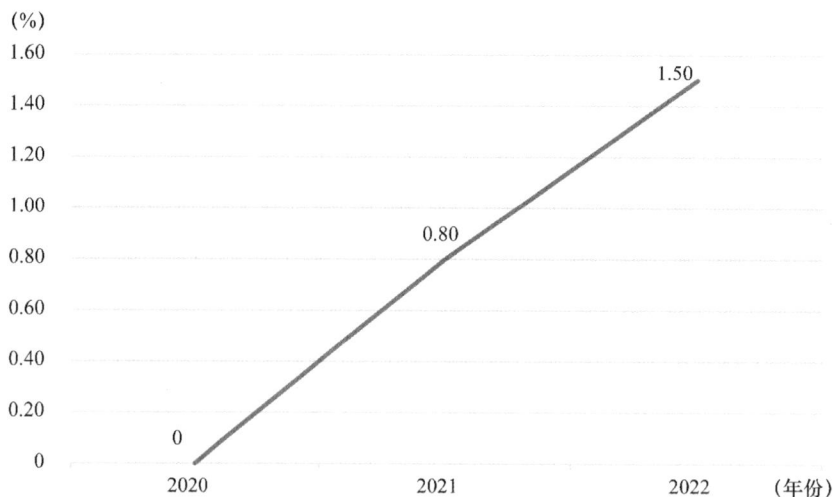

图 4 – 27　昆明市县域社会环境现代化指数增长率

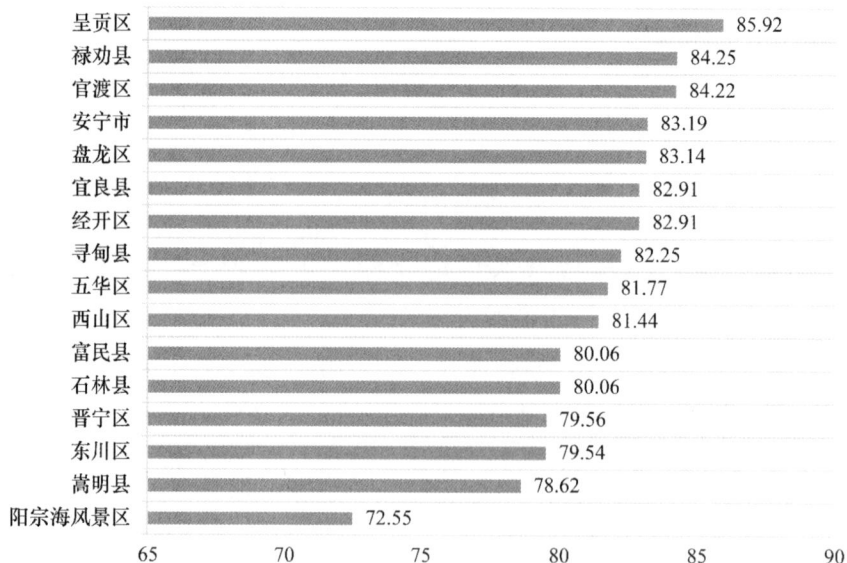

图 4 – 28　昆明市 16 个县（市）区 2021 年昆明县域社会环境现代化指数得分

（二）昆明县域社会环境现代化指数比较分析

2022 年，昆明县域社会环境现代化指数得分排名前 3 位的分别是：呈贡区，得分 85.92 分；禄劝县，得分 84.25 分；官渡区，得分 84.22 分。呈贡区、禄劝县、官渡区社会环境现代化指数得分均在平均值 81.45 分以上。

2022 年昆明县域社会环境现代化指数得分排名后 3 位的分别是：东川区，得分 79.54 分；嵩明县，得分 78.62 分；阳宗海风景区，得分 72.55 分。均低于平均值 81.45 分。

（三）县域社会环境现代化指数相关指标排序

县域社会环境现代化指数具体包括建成区绿地率（％）、人均公园绿地面积（平方米）、生活垃圾无害化处理率（％）、县城声环境功能区夜间监测总点次达标率（％）、无劣于 V 类水体（有＝0／无＝1）、农产品质量安全监测合格率（％）6 个评价指标。采集 2021 年 6 个评价指标相关数据并作排序，以便各县（市）区从中发现各自的优势与短板。

1. 建成区绿地率

昆明 16 个县（市）区建成区绿地率呈现不均衡之状态。排名第 1 的禄劝县和排名最后的阳宗海风景区相差 11.50％（见图 4－29）。

昆明 16 个县区建成区绿地率排名前 3 的为：禄劝县，41.56％；寻甸县，41.44％；官渡区，41.39％。

排名后 3 的为：嵩明县，36.10％；东川区，33.89％；阳宗海风景区，30.06％。

2. 人均公园绿地面积

昆明 16 个县（市）区人均公园绿地面积呈现不均衡状态。排名第 1 的呈贡区和排名并列最后的阳宗海风景区、寻甸县相差 8.30 平方米（见图 4－30）。

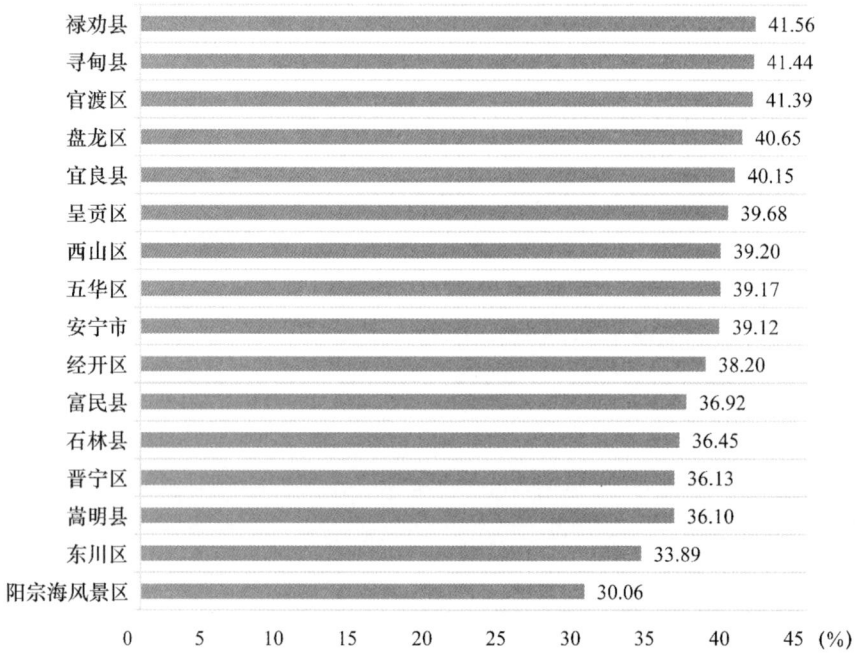

图4-29　昆明市16个县（市）区、开发（度假）区建成区绿地率

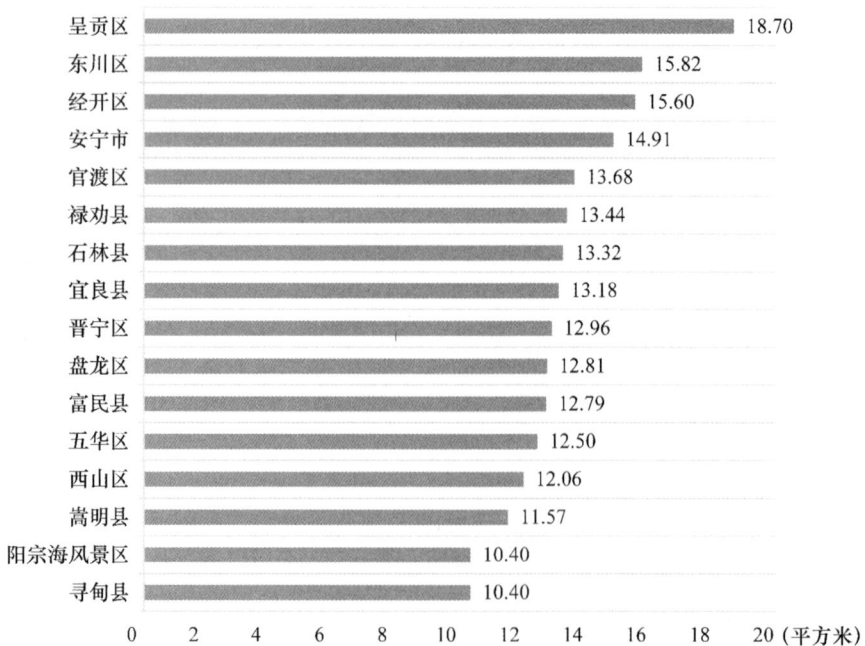

图4-30　昆明市16个县（市）区、开发（度假）区人均公园绿地面积

昆明16个县（市）区人均公园绿地面积排名前3的为：呈贡区，18.70平方米；东川区，15.82平方米；经开区，15.60平方米。

排名后3的为：嵩明县，11.57平方米；寻甸县，10.40平方米；阳宗海风景区，10.40平方米。

3. 生活垃圾无害化处理率

昆明16个县（市）区生活垃圾无害化处理率均达到100%（见图4-31）。

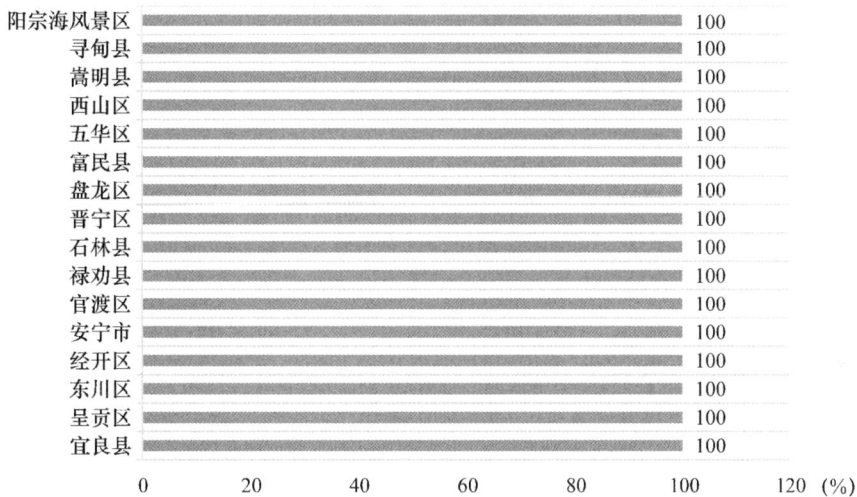

图4-31　昆明市16个县（市）区、开发（度假）区生活垃圾无害化处理率

4. 县城声环境功能区夜间监测总点次达标率

昆明市15个县（市）区（富民县未监测）县城声环境功能区夜间监测总点次达标率呈现不均衡的状态。阳宗海风景区、五华区、石林县、禄劝县、安宁市、东川区、呈贡区均为100%；另外有8个县、区没有达到100%，分别是晋宁区，97.00%，寻甸县，96.90%，宜良县，93.80%，经开区，91.70%，盘龙区，90.62%，嵩明县，81.30%，西山区，62.50%，官渡区，42.20%。并列第1的五华区等和排名最后的官渡区相差57.80%（见图4-32）。

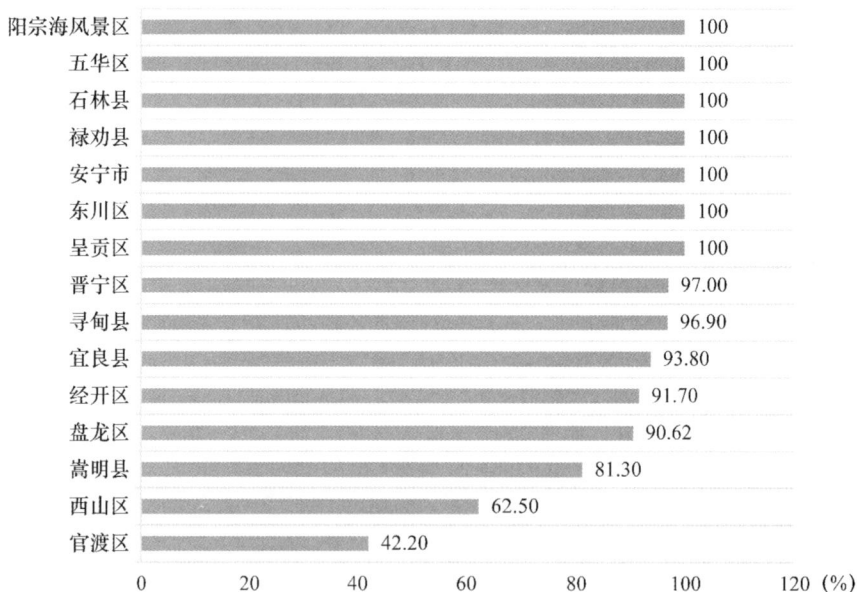

图 4 – 32　昆明市 15 个县（市）区、开发（度假）区县城声环境
功能区夜间监测总点次达标率

　　昆明市 15 个县（市）区（富民县未检测）县城声环境功能区夜间监测总点次达标率（％）排名前 7 的五华区等均为 100％。

　　排名后 3 的为：嵩明县，81.30％；西山区，62.50％；官渡区，42.20％。

　　5. 无劣于 V 类水体（有 = 0/无 = 1）

　　昆明 16 个县区无劣于 V 类水体呈现不均衡的状态。官渡区、嵩明县、盘龙区、经开区、晋宁区、东川区、禄劝县、石林县、五华区、阳宗海风景区均为无劣于 V 类水体；西山区、宜良县、寻甸县、呈贡区、安宁市、富民县均为有劣于 V 类水体（见图 4 – 33）。

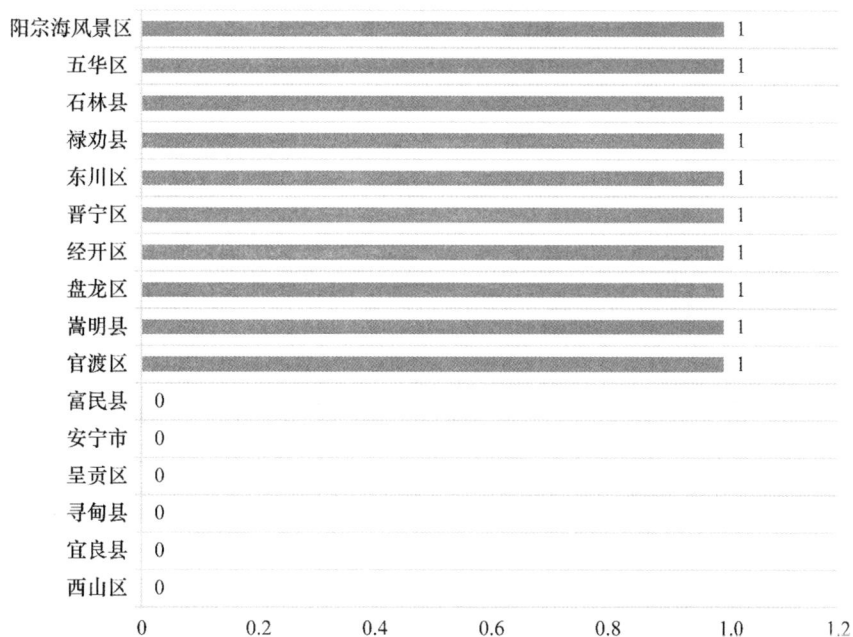

图 4-33 昆明市 16 个县（市）区、开发（度假）区无劣于 V 类水体
（有 = 0／无 = 1）

6. 农产品质量安全监测合格率

昆明市 16 个县（市）区农产品质量安全监测合格率均较高，最低的富民县也达到了 97.69%，与排名并列第 1 的盘龙区、经开区、西山区、安宁市仅相差 2.31%（见图 4-34）。

昆明市 16 个县（市）区农产品质量安全监测合格率并列第 1 的 4 个区为：盘龙区、经开区、西山区、安宁市，均为 100%。

排名后 4 的为：阳宗海风景区和寻甸县均为 99.00%，晋宁区 98.54%，富民县 97.69%。

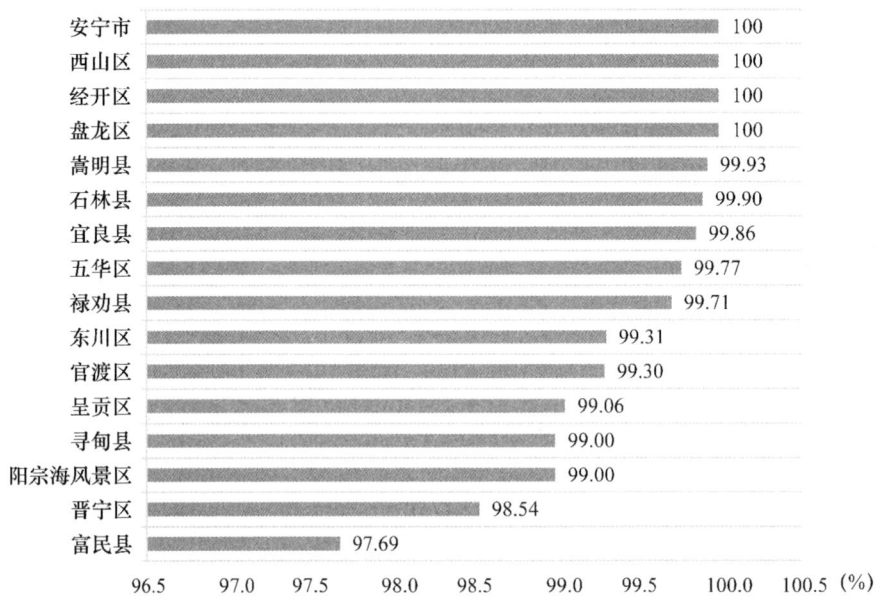

图 4 - 34　昆明市 16 个县（市）区、开发（度假）区农产品质量
安全监测合格率

第五章　昆明县域社会治理现代化进步指数

2020 年以来，昆明县域社会治理现代化水平不断提高，从最初的 76.65 分，到 2022 年的 79.49 分，提高了 3.71%。但是，昆明 16 个县（市）区之间基础不同，发展也不平衡。所以，对昆明县域社会治理现代化发展水平的分析，不能仅仅停留于发展现状的研判，还必须通过对 16 个县（市）区、开发（度假）区进步指数的分析，研判各县（市）区社会治理现代化的发展趋势。

一　昆明县域社会治理现代化综合进步指数

为了更好地分析研判近年来各县（市）区社会治理现代化的发展情况，课题组收集了 2018—2021 年 16 个县（市）区 20 个指标的数据，并运用主成分数学建模计算出了昆明县域社会治理现代化综合进步指数。

（一）2018—2021 年昆明县域社会治理现代化综合进步指数增长百分比

昆明 2018—2021 年的县域社会治理现代化综合进步指数分别为 1.79%、3.63% 和 5.56%，呈稳步上升的趋势。其中 16 个县（市）区、开发（度假）区社会治理现代化综合指数均呈进步趋势，只是进步的程度不同（见表 5 - 1、图 5 - 1）。

表 5 - 1　2018—2021 年昆明市县域社会治理现代化综合进步指数

昆明下辖县（市）区	社会治理现代化综合指数百分制得分				进步指数相对于2018 年的增长（%）		
	2018 年	2019 年	2020 年	2021 年	2019 年	2020 年	2021 年
五华区	88.14	90.47	90.70	88.16	2.64	2.90	0.03
盘龙区	80.99	82.17	82.97	84.41	1.45	2.44	4.22
官渡区	83.37	84.64	88.98	89.10	1.51	6.73	6.87
西山区	82.09	82.78	86.51	88.20	0.84	5.38	7.44
呈贡区	76.98	78.62	82.86	81.32	2.12	7.64	5.63
东川区	68.54	69.62	72.02	72.78	1.57	5.08	6.19
晋宁区	73.15	74.28	74.35	75.91	1.54	1.64	3.78
安宁市	77.05	78.26	77.24	80.44	1.58	0.26	4.40
富民县	71.40	72.51	73.21	74.57	1.55	2.53	4.43
宜良县	72.79	75.31	75.24	77.83	3.46	3.37	6.92
嵩明县	71.02	73.09	73.96	76.65	2.91	4.13	7.92
石林县	72.84	73.69	74.33	75.24	1.18	2.05	3.30
禄劝县	70.58	71.45	71.85	74.34	1.24	1.80	5.33
寻甸县	69.92	70.82	73.44	75.93	1.28	5.04	8.60
经开区	73.78	74.95	76.85	78.27	1.59	4.16	6.09
阳宗海风景区	68.74	70.34	74.57	75.91	2.32	8.48	10.42
平均值	75.30	76.65	78.03	79.49	1.79	3.63	5.56

（二）2018—2021 年昆明县域社会治理现代化综合进步指数前后 3 名

2018—2021 年昆明县域社会治理现代化综合进步指数排名前 3 名的是：阳宗海风景区，10.42%；寻甸县，8.60%；嵩明县，7.92%。排名后 3 名的是：晋宁区，3.78%；石林县，3.30%；五华区，0.03%。

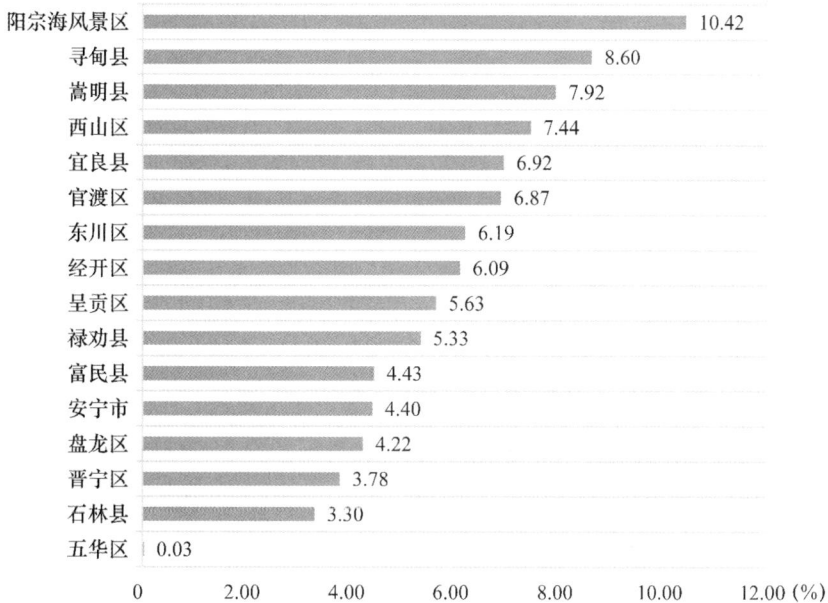

图 5 - 1　2021 年昆明市县域社会治理现代化综合进步指数

（三）2018—2021 年昆明县域社会治理现代化综合进步指数前 3 名分析

阳宗海风景区社会治理现代化综合指数 2018 年为 68.74，2019 年为 70.34，2020 年为 74.57，2021 年为 75.91，逐年递增。相对于 2018 年而言，2019 年阳宗海风景区的综合进步指数为 2.32%，2020 年为 8.48%，2021 年为 10.42%。阳宗海风景区社会治理现代化能不断进步的原因在于：在近 3 年昆明的市域社会治理现代化试点合格城市创建过程中，通过探索基层社会民生服务项目，建立健全社会工作服务机构系列举措，建立区级社会组织孵化中心，在各镇（街道）开展社工站标准化建设，通过开展系列服务活动，满足辖区居民群众个性化、多样化、专业化服务需求，夯实了基层社会治理现代化的基础。

寻甸县社会治理现代化综合指数 2018 年为 69.92，2019 年为 70.82，2020 年为 73.44，2021 年为 75.93，逐年递增。相对于 2018 年而言，2019 年的综合进步指数为 1.28%，2020 年为 5.04%，2021 年为 8.60%。寻甸县之所以能不断提高社会治理综合指数，在于统筹推进各类协商渠道发挥作用，坚持协商于民、协商为民，在"协商在基层"工作中，引导群众参与到事关切身利益的问题，通过理性表达、彼此说服，最终相互达成共识，增强了群众参与公共事务管理、共建家园的积极性，构建了民事民议、民事民办、民事民管的多层次基层协商自治格局。

嵩明县社会治理现代化综合指数 2018 年为 71.02，2019 年为 73.09，2020 年为 73.96，2021 年为 76.65，逐年递增。相对于 2018 年嵩明县社会治理现代化进步指数 2019 年为 2.91%，2020 年为 4.13%，2021 年为 7.92%，进步明显。2022 年以来，嵩明县通过完善党委领导、政府负责、民主协商、社会协同、公众参与、法治保障、科技支撑的社会治理体系，进一步建立健全了社会建设体制机制，以争当全市社会治理"排头兵"为目标，扎实推进社会建设各项工作，"四赛道"同步发力，社会治理工作取得明显成效。

（四）2018—2021 年昆明县域社会治理现代化综合进步指数后 3 名分析

晋宁区、石林县、五华区社会治理现代化综合进步指数虽然都排在后 3 名，但又有不同的情况。五华区在 16 个县（市）区中，其社会治理现代化综合指数得分一直较高，都是名列前茅，所以进步较小。晋宁区、石林县也处于中下水平，所以进步指数排在后 3 名中。从 3 个县（市）区近 3 年综合进步指数得分也可得到说明。

　　晋宁区社会治理现代化综合指数 2018 年为 73.15，2019 年为 74.28，2020 年为 74.35，2021 年为 75.91，呈逐年递增的趋势。相对于 2018 年晋宁区社会治理现代化综合进步指数 2019 年为 1.54%，2020 年为 1.64%，2021 年为 3.78%，也是逐年进步，只是进步幅度没有原先得分低的东川区、寻甸县、阳宗海等不到 70 分的进步幅度大。尽管如此，晋宁区每年都在进步。因为，晋宁区一直以"五个一"工作要求为总牵引，切实提高市域社会治理系统化、社会化、精细化、法治化、智能化水平，让人民群众的获得感、幸福感、安全感更加充实、更有保障、更可持续。此外，坚持问题导向，进一步守住防范风险隐患的工作底线，将市域打造成各类风险的"终点站"，着力健全"一平台、三服务、一张网、三包保"基层社会治理模式。

　　石林县社会治理现代化综合指数 2018 年为 72.84，2019 年为 73.69，2020 年为 74.33，2021 年为 75.24，呈逐年递增的趋势。相对于 2018 年石林县社会治理现代化进步指数 2019 年为 1.18%，2020 年为 2.05%，2021 年为 3.30%，也是逐年进步。石林县综合进步指数排在后 3 名的原因，与晋宁区一样，进步百分比没有超过 4 个百分点。不过，近年来，石林县在推进市域社会治理的过程中，建立健全政治、法治、德治、自治、智治"五治"融合基层综合治理体系，全面提升彝乡市域社会治理现代化水平。2021 年，石林县再次被评为"省级先进平安县"，这已经是连续 5 年获此殊荣。

　　五华区社会治理现代化综合指数得分一直靠前，所以进步不大。五华区社会治理现代化综合指数 2018 年为 88.14，2019 年为 90.47，2020 年为 90.70，2021 年为 88.16，综合指数得分呈先升后降的趋势。相对于 2018 年五华区社会治理现代化进步指数 2019 年为 2.64%，2020 年为 2.90%，2021 年为 0.03%，进步指数的增长百分比也是先升后降。近年来，五华区社会治理现代化综合指数得分之所以能名列前茅，因为五华区始终按照"高位推动、顶层设计、创新求变、品牌示范"的工作思路，不断加强党对社会治理工作的领导，提升治理体系化和组织化水平，不断提高保障和改善民生、加强和创新社会治理的能力水平，各项工作取得积极进展，为五华区贯彻党的二十大精神，推进社会主义现代化建设奠定了坚实基础。

二　昆明县域社会活力现代化进步指数

（一）社会活力现代化进步指数得分

昆明2018—2021年的县域社会活力现代化进步指数分别为3.31%、6.48%和10.32%，整体呈进步的良好趋势。

2021年各县（市）区社会活力现代化进步指数分布呈不均衡趋势，社会活力现代化进步指数按照从大到小的顺序依次为嵩明县为17.65%，寻甸县为17.36%，东川区为17.05%，宜良县为12.83%，呈贡区为12.40%，阳宗海风景区为11.57%，官渡区为10.58%，经开区为9.90%，富民县为9.16%，西山区为9.04%，晋宁区为8.84%，禄劝县为8.69%，盘龙区为8.02%，石林县为7.94%，安宁市为7.89%，五华区为4.13%。第1名嵩明县与最后1名五华区相差13.52%（见表5-2、图5-2）。

表5-2　2018—2021年昆明市县域社会活力现代化指数百分制得分和进步指数

昆明下辖县（市）区	社会活力现代化指数百分制得分				进步指数相对于2018年的增长百分比（%）		
	2018年	2019年	2020年	2021年	2019年	2020年	2021年
五华区	87.57	90.65	92.44	91.19	3.52	5.56	4.13
盘龙区	83.46	85.93	86.94	90.16	2.96	4.17	8.02
官渡区	87.19	89.95	94.63	96.42	3.17	8.53	10.58
西山区	83.32	84.62	87.65	90.85	1.56	5.19	9.04
呈贡区	75.74	78.53	87.50	85.13	3.69	15.53	12.40

续表

昆明下辖县（市）区	社会活力现代化指数百分制得分				进步指数相对于 2018 年的增长百分比（%）		
	2018 年	2019 年	2020 年	2021 年	2019 年	2020 年	2021 年
东川区	59.81	62.02	67.54	70.01	3.70	12.93	17.05
晋宁区	72.05	75.19	75.14	78.42	4.36	4.29	8.84
安宁市	78.79	81.29	77.55	85.00	3.18	-1.57	7.89
富民县	68.70	71.39	72.81	74.99	3.91	5.97	9.16
宜良县	69.72	72.07	73.82	78.67	3.37	5.88	12.83
嵩明县	67.85	70.65	73.16	79.82	4.13	7.83	17.65
石林县	70.95	73.28	74.51	76.59	3.28	5.02	7.94
禄劝县	62.74	64.79	65.24	68.19	3.26	3.98	8.69
寻甸县	61.62	63.95	66.49	72.32	3.79	7.91	17.36
经开区	75.91	78.10	81.00	83.43	2.88	6.71	9.90
阳宗海风景区	70.07	72.45	75.65	78.18	3.40	7.97	11.57
平均值	73.96	76.41	78.75	81.59	3.31	6.48	10.32

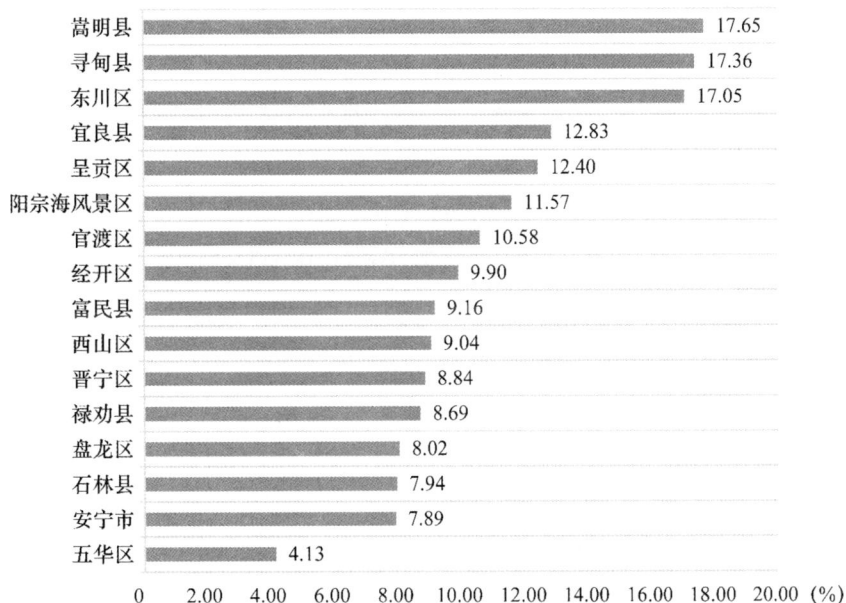

图 5 - 2 2021 年昆明市县域社会活力现代化进步指数排名

（二）社会活力进步指数前 3 名与后 3 名

2021 年昆明县域社会活力现代化进步指数居于前 3 位的是嵩明县 17.65%、寻甸县 17.36%、东川区为 17.05%。2021 年昆明县域社会活力现代化进步指数居于后 3 位的是石林县 7.94%、安宁市 7.89%、五华区 4.13%。

1. 2018—2021 年昆明县域社会活力现代化进步指数前 3 名分析

嵩明县相对于 2018 年，2021 年社会活力现代化进步指数为 17.65%。在 16 个县（市）区中 2021 年社会活力现代化进步指数排名第 1，相比较 2020 年社会活力现代化进步指数排名第 6，前进 5 名。

寻甸县相对于 2018 年，2021 年社会活力现代化进步指数为 17.36%。在 16 个县（市）区中 2021 年社会活力现代化进步指数排名第 2，相比较 2020 年社会活力现代化进步指数的排名第 5，前进 3 名。

东川区相对于 2018 年，2021 年社会活力现代化进步指数为 17.05%。在 16 个县（市）区中 2021 年社会活力现代化进步指数排名第 3，相比较 2020 年社会活力现代化进步指数的排名第 2，退步了 1 名。

2. 近 3 年昆明县域社会活力现代化进步指数后 3 名分析

石林县在 16 个县（市）区中 2021 年社会活力现代化进步指数为 7.94%，排名倒数第 3，相比较 2019 年社会活力现代化进步指数的排名倒数第 5，退后 2 名。

安宁市在 16 个县（市）区中 2021 年社会活力现代化进步指数为 7.89%，排名倒数第 2，相比较 2019 年社会活力现代化进步指数的排名倒数第 1，进步 1 名。

五华区在 16 个县（市）区中 2021 年社会活力现代化进步指数为 4.13%，排名倒数第 1，相比较 2019 年社会活力现代化进步指数的排名倒数第 7，退后 6 名。

三　昆明县域社会服务现代化进步指数

(一) 社会服务现代化进步指数得分

昆明 2018—2021 年的县域社会活力现代化进步指数分别为 1.38%、5.40% 和 5.31%,整体呈进步的良好趋势。

2021 年各县 (市) 区社会服务现代化进步指数有升有降,分布亦不均衡。社会服务现代化进步指数按照从高到低的顺序依次为阳宗海风景区为 32.19%,西山区为 25.06%,官渡区为 6.52%,寻甸县为 5.95%,呈贡区为 5.46%,经开区为 5.26%,东川区为 4.07%,盘龙区为 3.92%,富民县为 3.60%,石林县为 2.21%,禄劝县为 1.97%,晋宁区为 1.72%,安宁市为 1.05%,嵩明县为 0.67%,五华区为 −3.08%,宜良县为 −5.81%。

第 1 名阳宗海风景区与最后 1 名宜良县进步指数百分比相差 38% (见表 5 - 3、图 5 - 3)。

表 5 - 3　2018—2021 年昆明市县域社会服务现代化指数百分制得分和进步指数

昆明下辖县 (市) 区	社会服务现代化指数百分制得分				进步指数相对于 2018 年的增长百分比 (%)		
	2018 年	2019 年	2020 年	2021 年	2019 年	2020 年	2021 年
五华区	87.78	94.11	90.78	85.07	7.21	3.42	−3.08
盘龙区	66.36	66.68	67.58	68.96	0.48	1.83	3.92
官渡区	68.11	68.32	73.15	72.55	0.31	7.39	6.52
西山区	71.29	71.75	88.65	89.15	0.64	24.35	25.06
呈贡区	61.56	63.17	65.22	64.91	2.63	5.95	5.46
东川区	60.76	60.78	62.11	63.23	0.04	2.23	4.07
晋宁区	60.54	60.51	61.75	61.58	−0.04	2.01	1.72
安宁市	63.20	63.56	63.66	63.86	0.58	0.73	1.05

续表

昆明下辖县（市）区	社会服务现代化指数百分制得分				进步指数相对于2018年的增长百分比（%）		
	2018 年	2019 年	2020 年	2021 年	2019 年	2020 年	2021 年
富民县	60.59	60.81	61.42	62.77	0.36	1.38	3.60
宜良县	77.69	79.76	73.47	73.17	2.66	−5.43	−5.81
嵩明县	62.65	62.76	62.93	63.07	0.19	0.46	0.67
石林县	60.47	60.43	61.86	61.8	−0.06	2.30	2.21
禄劝县	68.27	68.25	67.87	69.62	−0.04	−0.58	1.97
寻甸县	65.49	65.69	69.49	69.39	0.30	6.11	5.95
经开区	56.47	56.70	58.51	59.43	0.41	3.62	5.26
阳宗海风景区	56.86	56.78	74.44	75.16	−0.14	30.93	32.19
平均值	65.97	66.88	69.53	69.47	1.38	5.40	5.31

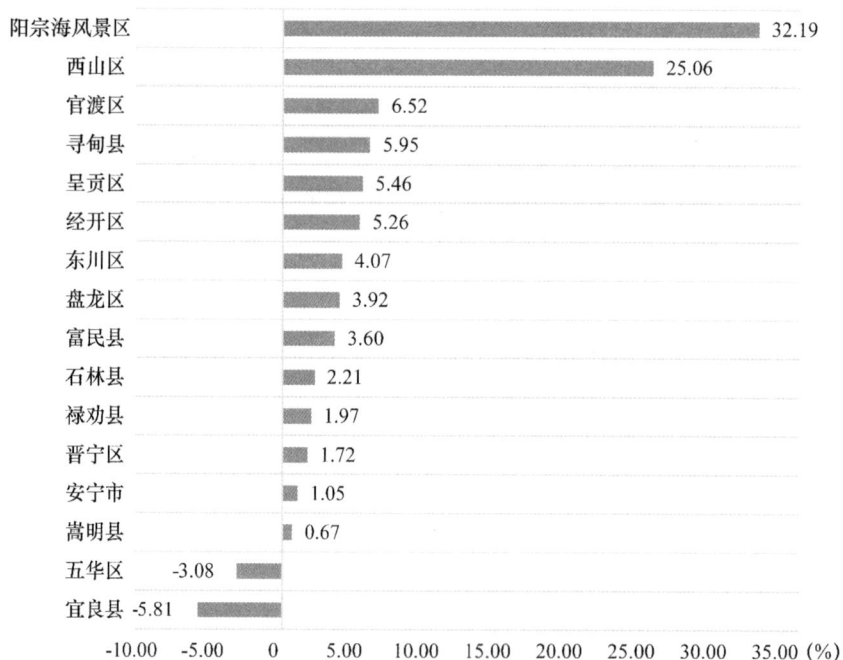

图 5 - 3 2021 年昆明县域社会服务现代化进步指数排名

（二）社会服务现代化进步指数前3名与后3名

2021年昆明县域社会服务现代化进步指数居于前3位的是阳宗海风景区32.19%、西山区25.06%、官渡区6.52%。

2021年昆明县域社会服务现代化进步指数居于后3位的是嵩明县0.67%、五华区-3.08%、宜良县-5.81%。

1. 近3年昆明县域社会服务现代化进步指数前3名分析

阳宗海风景区相对于2018年，2021年社会服务现代化进步指数为32.19%，排名第1。相比较2020年社会服务现代化进步指数的排名第1，两者持平。

西山区相对于2018年，2021年社会服务现代化进步指数为25.06%，排名第2。相比较2020年社会服务现代化进步指数的排名第2，两者持平。

官渡区相对于2018年，2021年社会服务现代化进步指数为6.52%，排名第3。相比较2020年社会服务现代化进步指数的排名第3，两者持平。

2. 近3年昆明县域社会服务现代化进步指数后3名分析

嵩明县相对于2018年，2021年社会服务现代化进步指数为0.67%，排名倒数第3，相比较2020年社会服务现代化进步指数的排名倒数第3，两者持平。

五华区相对于2018年，2021年社会服务现代化进步指数为-3.08%，排名倒数第2，相比较2020年社会服务现代化进步指数的排名倒数第10，退后8名。

宜良县相对于2018年，2021年社会服务现代化进步指数为-5.81%，排名倒数第1，相比较2020年社会服务现代化进步指数的排名倒数第1，两者持平。

四　昆明县域社会环境现代化进步指数

（一）社会环境现代化进步指数得分

昆明2018—2021年的县域社会环境现代化进步指数分别为0.82%、1.62%和2.32%，呈先升后降的趋势。

2021年昆明县域社会环境现代化进步指数大部分呈进步的良好趋势。但是，各县（市）区社会环境现代化进步指数分布则不均衡，各县（市）区社会环境现代化进步指数按照从大到小的顺序依次为阳宗海风景区为13.20%，寻甸县为8.72%，禄劝县为5.99%，宜良县为4.62%，嵩明县为3.29%，经开区为3.27%，安宁市为2.97%，富民县为1.56%，西山区为1.34%，五华区为0.96%，石林县为0.69%，东川区为0.66%，晋宁区为0.52%，官渡区为0.19%，盘龙区为 -0.76%，呈贡区为 -4.15%。（见表5－4、图5－4）。

表5－4　2018—2021年昆明市县域社会环境现代化指数百分制得分和进步指数

昆明下辖县（市）区	社会环境现代化指数百分制得分				进步指数相对于2018年的增长（%）		
	2018年	2019年	2020年	2021年	2019年	2020年	2021年
五华区	80.99	81.34	81.53	81.77	0.44	0.67	0.96
盘龙区	83.77	84.00	84.14	83.14	0.27	0.43	-0.76
官渡区	84.06	84.11	87.38	84.22	0.06	3.96	0.19
西山区	80.36	80.34	80.33	81.44	-0.03	-0.04	1.34
呈贡区	89.64	89.62	89.63	85.92	-0.02	-0.01	-4.15
东川区	79.02	79.60	80.18	79.54	0.73	1.47	0.66
晋宁区	79.15	78.29	79.26	79.56	-1.08	0.13	0.52
安宁市	80.79	81.12	81.32	83.19	0.40	0.66	2.97
富民县	78.84	78.83	79.12	80.06	-0.01	0.36	1.56

续表

昆明下辖县（市）区	社会环境现代化指数百分制得分				进步指数相对于2018 年的增长（%）		
	2018 年	2019 年	2020 年	2021 年	2019 年	2020 年	2021 年
宜良县	79.25	79.55	79.32	82.91	0.38	0.09	4.62
嵩明县	76.12	80.67	77.78	78.62	5.98	2.18	3.29
石林县	79.51	79.35	79.35	80.06	-0.20	-0.20	0.69
禄劝县	79.50	79.64	80.23	84.25	0.19	0.92	5.99
寻甸县	75.65	75.70	79.59	82.25	0.06	5.20	8.72
经开区	80.28	81.25	82.08	82.91	1.20	2.23	3.27
阳宗海风景区	64.09	68.78	71.48	72.55	7.31	11.52	13.20
平均值	79.60	80.25	80.89	81.45	0.82	1.62	2.32

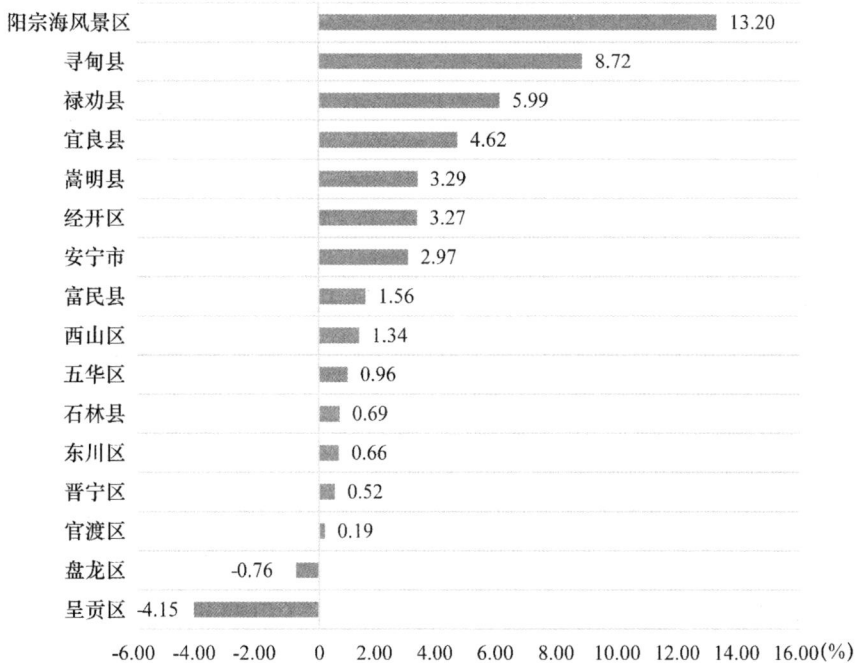

图 5 - 4　2021 年昆明市县域社会环境现代化进步指数排名

（二）社会环境现代化进步指数前 3 名与后 3 名

2021 年昆明县域社会环境现代化进步指数居于前 3 位的是阳宗海风景区 13.20%、寻甸县 8.72%、禄劝县 5.99%。

2021 年昆明县域社会环境现代化进步指数居于后 3 位的是官渡区 0.19%、盘龙区 -0.76%、呈贡区 -4.15%。

1. 近 3 年昆明县域社会环境现代化进步指数前 3 名分析

阳宗海风景区相对于 2018 年，2021 年社会环境现代化进步指数为 13.20%，排名第 1。相比较 2020 年社会环境现代化进步指数排名第 1，两者持平。

寻甸县相对于 2018 年，2021 年社会环境现代化进步指数为 8.72%，排名第 2。相比较 2020 年社会环境现代化进步指数排名第 2，两者持平。

禄劝县相对于 2018 年，2021 年社会环境现代化进步指数为 5.99%，排名第 3，相比较 2020 年社会环境现代化进步指数排名第 7，前进了 4 名。

2. 近 3 年昆明县域社会环境现代化进步指数后 3 名分析

官渡区相对于 2018 年，2021 年社会环境现代化进步指数为 0.19%，排名倒数第 3。相比较 2020 年社会环境现代化进步指数排名第 3，退步了 11 名。

盘龙区相对于 2018 年，2021 年社会环境现代化进步指数为 -0.76%，排名倒数第 2。相比较 2020 年社会环境现代化进步指数排名倒数第 7，退步了 5 名。

呈贡区相对于 2018 年，2021 年社会环境现代化进步指数为 -4.15%，排名倒数第 1。相比较 2020 年社会环境现代化进步指数倒数排名第 3，退步了 2 名。

第六章　昆明县域社会治理现代化
水平比较分析

前一章纵向分析了昆明县域社会治理现代化的进步指数，反映了昆明县域社会治理现代化提升的过程及其目前已达到的水平。那么，昆明县域社会治理的现代化与全国省会城市下辖的县城相比，处于什么水平呢？昆明县域社会治理现代化水平，不仅需要自己与自己比，纵向比较分析看到自身的进步，而且需要横向比较，即昆明与全国省会城市下辖的县城比较。

由于县域城市的社会治理指标统计还较弱，很难从国家各类统计年鉴中找到分析昆明县域 21 个指标的数据，所以只能选择其中若干核心指标，与全国各地区省会城市下辖的县（市）作一些深入比较分析，从中可窥见昆明县域社会治理现代化在全国的水平。昆明与全国各地区省会城市下辖县（市）比较的数据，均为各类统计年鉴以及相关部门的统计类数据。

一　昆明与东部地区省会城市下辖的县（市）比较

东部地区共计 6 个省会城市下辖 25 个县（市），分别为：河北省石家庄市下辖的 13 个县（市）、浙江省杭州市下辖的 3 个县（市）、福建省福州市下辖的 7 个县（市）、山东省济南市下辖的 2 个县（市）。北京市、上海市、天津市、江苏省南京

市、广东省广州市和海南省海口市只有下辖区，无下辖县
（市），所以不作比较分析。

（一）地区生产总值

2020年，昆明市的7个县（市）和东部地区省会城市下辖
的25个县（市）生产总值排名比较如下。

安宁市为第4名，宜良县为第15名，嵩明县为第19名，禄
劝县为21名，寻甸县为第23名，石林县为第26名，富民县为
第28名，以上7个县（市）与排名第1的福建省福州市的福清
市，地区生产总值分别相差了6561791万元、10172857万元、
10758703万元、10820409万元、10847753万元、11114670万
元、11228129万元。

由上可见，昆明市的7个县（市）中，除了安宁市排名比
较靠前以外，其余6个县与东部地区省会城市下辖的25个县
（市）相比，均处于中等偏下水平。

表6-1　2020年昆明市7个县（市）和东部地区省会城市下辖的
25个县（市）的地区生产总值

排序	省会城市名	县（区）名	地区生产总值（万元）
1	福州市	福清市	12285407
2	福州市	闽侯县	7930372
3	福州市	连江县	5948517
4	昆明市	安宁市	5723616
5	杭州市	建德市	3918719
6	杭州市	桐庐县	3762737
7	福州市	闽清县	3448818
8	福州市	罗源县	3166148
9	福州市	平潭县	3014269
10	福州市	永泰县	3003121

排序	省会城市名	县（区）名	地区生产总值（万元）
11	石家庄市	正定县	2932734
12	石家庄市	平山县	2480659
13	杭州市	淳安县	2406200
14	济南市	平阴县	2332968
15	昆明市	宜良县	2112550
16	济南市	商河县	1799393
17	石家庄市	晋州市	1625535
18	石家庄市	元氏县	1611768
19	昆明市	嵩明县	1526704
20	石家庄市	新乐市	1489395
21	昆明市	禄劝县	1464998
22	石家庄市	赵县	1441522
23	昆明市	寻甸县	1437654
24	石家庄市	无极县	1313378
25	石家庄市	行唐县	1227995
26	昆明市	石林县	1170737
27	石家庄市	灵寿县	1091037
28	昆明市	富民县	1057278
29	石家庄市	井陉县	999584
30	石家庄市	赞皇县	787138
31	石家庄市	深泽县	737213
32	石家庄市	高邑县	715132

（二）居民储蓄存款余额

2020 年昆明市的 7 个县（市）和东部地区省会城市下辖的 25 个县（市）的居民储蓄存款余额排名比较如下。

安宁市为第 9 名，宜良县为第 16 名，嵩明县为第 24 名，寻甸县为 25 名，石林县为第 30 名，禄劝县为第 31 名，富民县为第32名，以上7个县（市）与排名第1的福建省福州市的福清市，居民储蓄存款余额分别相差了794.06亿元、868.44亿元、916.79亿元、937.93亿元、971.88亿元、972.64亿元、991.00亿元。

由上可见，昆明市的7个县（市）中，除了安宁市和宜良县处于中等偏上水平以外，其余5个县与东部地区下辖的25个县（市）相比均处于中等偏下水平，石林县、禄劝县和富民县分列倒数第1—3名的水平。

表6-2　　2020年昆明市7个县（市）和东部地区省会城市下辖的
25个县（市）的居民储蓄存款余额

排序	省会城市名	县（区）名	居民储蓄存款余额（亿元）
1	福州市	福清市	1062.55
2	石家庄市	正定县	503.06
3	福州市	闽侯县	394.53
4	福州市	连江县	359.25
5	杭州市	建德市	344.65
6	石家庄市	晋州市	333.18
7	福州市	平潭县	317.84
8	杭州市	桐庐县	275.23
9	昆明市	安宁市	268.49
10	石家庄市	无极县	249.49
11	石家庄市	平山县	244.93
12	石家庄市	新乐市	219.93
13	杭州市	淳安县	213.82
14	石家庄市	行唐县	199.75
15	石家庄市	赵县	198.19
16	昆明市	宜良县	194.11
17	济南市	商河县	193.98
18	济南市	平阴县	186.57

排序	省会城市名	县（区）名	居民储蓄存款余额（亿元）
19	石家庄市	元氏县	183.48
20	石家庄市	井陉县	169.58
21	石家庄市	灵寿县	169.27
22	福州市	闽清县	152.29
23	石家庄市	深泽县	147.80
24	昆明市	嵩明县	145.76
25	昆明市	寻甸县	124.62
26	福州市	永泰县	122.63
27	石家庄市	赞皇县	118.16
28	福州市	罗源县	110.38
29	石家庄市	高邑县	98.83
30	昆明市	石林县	90.67
31	昆明市	禄劝县	89.91
32	昆明市	富民县	71.55

（三）普通中学在校学生数

2020年，昆明市的7个县（市）和东部地区下辖的25个县（市）的普通中学在校学生数排名比较如下。

寻甸县为第3名，安宁市为第15名，宜良县为第16名，嵩明县为21名，石林县为第27名，禄劝县为第28名，富民县为第30名，以上7个县（市）与排名第1的福建省福州市的福清市，普通中学在校学生数分别相差了45916人、59397人、59931人、62239人、64894人、64979人、67351人。

由上可见，昆明市的7个县（市）中，除了寻甸县排名比较靠前以外，其余6个县（市）与东部地区下辖的25个县（市）相比，均处于中等偏下水平，排名靠后的富民县处于倒数第3名的水平。

表 6-3　2020 年昆明市 7 个县（市）和东部地区省会城市下辖的
25 个县（市）的普通中学在校学生数

排序	省会城市名	县（区）名	普通中学在校学生数（人）
1	福州市	福清市	78286
2	福州市	闽侯县	34390
3	昆明市	寻甸县	32370
4	福州市	连江县	31883
5	石家庄市	新乐市	31533
6	济南市	商河县	29289
7	石家庄市	赵县	28526
8	石家庄市	正定县	28391
9	石家庄市	平山县	25920
10	石家庄市	无极县	24489
11	石家庄市	晋州市	23014
12	石家庄市	行唐县	22582
13	石家庄市	元氏县	22451
14	福州市	平潭县	21101
15	昆明市	安宁市	18889
16	昆明市	宜良县	18355
17	石家庄市	灵寿县	17942
18	杭州市	建德市	17331
19	杭州市	桐庐县	17077
20	济南市	平阴县	16939
21	昆明市	嵩明县	16047
22	石家庄市	赞皇县	15994
23	福州市	永泰县	14174
24	杭州市	淳安县	13916
25	石家庄市	井陉县	13500
26	福州市	闽清县	13424
27	昆明市	石林县	13392

续表

排序	省会城市名	县（区）名	普通中学在校学生数（人）
28	昆明市	禄劝县	13307
29	石家庄市	高邑县	11687
30	昆明市	富民县	10935
31	福州市	罗源县	10436
32	石家庄市	深泽县	8767

（四）医疗卫生机构床位数

2020昆明市的7个县（市）和东部地区下辖的25个县（市）的医疗卫生机构床位数排名比较如下。

安宁市为第2名，寻甸县为第3名，禄劝县为第7名，宜良县为第12名，嵩明县为第14名，石林县为第21名，富民县为第32名，以上7个县（市）与排名第1的福建省福州市的福清市，医疗卫生机构床位数分别相差了253张、1313张、2048张、2359张、2492张、2936张、4184张。

由上可见，昆明市的7个县（市）中，安宁市和寻甸县排名分列第2名、第3名，与东部地区下辖的25个县（市）相比处于领先水平，禄劝县、宜良县和嵩明县处于中等偏上水平，石林县处于中等偏下水平，排名靠后的富民县处于倒数第1名的水平。

表6-4　2020年昆明市7个县（市）和东部地区省会城市下辖的
25个县（市）的医疗卫生机构床位数排名

排序	省会城市名	县（区）名	医疗卫生机构床位数（张）
1	福州市	福清市	4659
2	昆明市	安宁市	4406
3	昆明市	寻甸县	3346
4	杭州市	建德市	2909

排序	省会城市名	县（区）名	医疗卫生机构床位数（张）
5	石家庄市	正定县	2802
6	杭州市	淳安县	2670
7	昆明市	禄劝县	2611
8	杭州市	桐庐县	2551
9	济南市	商河县	2510
10	济南市	平阴县	2440
11	石家庄市	赵县	2402
12	昆明市	宜良县	2300
13	石家庄市	新乐市	2250
14	昆明市	嵩明县	2167
15	石家庄市	元氏县	2104
16	福州市	闽侯县	1939
17	福州市	连江县	1901
18	石家庄市	行唐县	1859
19	石家庄市	无极县	1749
20	石家庄市	晋州市	1731
21	昆明市	石林县	1723
22	石家庄市	灵寿县	1648
23	福州市	罗源县	1608
24	福州市	闽清县	1566
25	石家庄市	平山县	1535
26	福州市	平潭县	1511
27	石家庄市	井陉县	1405
28	福州市	永泰县	1337
29	石家庄市	赞皇县	1299
30	石家庄市	深泽县	1184
31	石家庄市	高邑县	721
32	昆明市	富民县	475

（五）昆明下辖7个县（市）的优势和短板

1. 昆明的优势

在昆明市的7个县（市）中，选择各个指标排名前5的县（市），和东部地区省会城市下辖的 25 个县（市）中各个指标排名第 1 或第 2，以及排名倒数第 1 或第 2 的县（市）作分析比较。

（1）安宁市与福州市下辖的福清市和石家庄市下辖的高邑县分别作比较：

安宁市的地区生产总值排名第 4，比排名第 1 的福清市少 65.62 亿元，比排名倒数第 1 的高邑县多 50.08 亿元；

安宁市的医疗卫生机构床位数排名第 2，比排名第 1 的福清市少 253 张，比排名倒数第 2 的高邑县多 3685 张。

（2）寻甸县的医疗卫生机构床位数排名第 3，比排名第 1 的福清市少 1313 张，比排名倒数第 2 的高邑县多 2625 张。

2. 昆明的短板

在昆明市的 7 个县（市）中，选择各个指标排名倒数前 5 的县（市），和东部地区省会城市下辖的 25 个县（市）中各个指标排名第 1 和倒数第 1 的县（市）作分析比较。

（1）富民县与福州市下辖的福清市和石家庄市下辖的高邑县分别作比较：

富民县的地区生产总值排名倒数第 5，比排名第 1 的福清市少 112.28 亿元，比排名倒数第 1 的高邑县多 3.42 亿元；

富民县的居民储蓄存款余额排名倒数第 1，比排名第 1 的福清市少 991 亿元；

富民县的医疗卫生机构床位数排名倒数第 1，比排名第 1 的福清市少 4184 张。

（2）禄劝县的居民储蓄存款余额排名倒数第 2，比排名第 1 的福清市少 972.64 亿元；

（3）石林县的居民储蓄存款余额排名倒数第 3，比排名第 1 的福清市少 971.88 亿元。

二　昆明与中部地区省会城市下辖的县（市）比较

中部地区共计 4 个省会城市下辖 21 个县（市），分别为：山西省太原市下辖的 4 个县（市）、安徽省合肥市下辖的 5 个县（市）、江西省南昌市下辖的 3 个县（市）、河南省郑州市下辖的 6 个县（市）、湖南省长沙市下辖的 3 个县（市）（其中代管 2 个县级市）。湖北省武汉市只有下辖区，无下辖县（市），所以不作比较。

（一）地区生产总值

2020 年，昆明市的 7 个县（市）和中部地区下辖的 21 个县（市）的地区生产总值排名比较如下。

安宁市为第 11 名，宜良县为第 18 名，嵩明县为第 20 名，禄劝县为第 21 名，寻甸县为第 22 名，石林县为第 23 名，富民县为第 25 名，以上 7 个县（市）与排名第 1 的湖南省长沙市的长沙县，地区生产总值分别相差了 12359813 万元、15970879 万元、16556725 万元、16618431 万元、16645775 万元、16912692 万元、17026151 万元。

由上可见，昆明市的 7 个县（市）中，除了安宁市排名第 11 名，与中部地区下辖的 21 个县（市）相比处于中上游水平以外，其余 6 个县均处于中等偏下水平。

表 6-5　2020 年昆明市 7 个县（市）和中部地区省会城市下辖的
21 个县（市）的地区生产总值

排序	省会城市名	县（区）名	地区生产总值（万元）
1	长沙市	长沙县	18083429
2	南昌市	南昌县	17931337

续表

排序	省会城市名	县（区）名	地区生产总值（万元）
3	长沙市	浏阳市	14930034
4	郑州市	新郑市	13355698
5	长沙市	宁乡市	11059229
6	合肥市	肥西县	8701644
7	郑州市	巩义市	8265736
8	郑州市	新密市	7062901
9	合肥市	肥东县	7034465
10	合肥市	长丰县	6593988
11	昆明市	安宁市	5723616
12	郑州市	荥阳市	5460285
13	合肥市	巢湖市	4982522
14	合肥市	庐江县	4814281
15	郑州市	登封市	4527719
16	郑州市	中牟县	4358543
17	南昌市	进贤县	2901331
18	昆明市	宜良县	2112550
19	太原市	清徐县	1948319
20	昆明市	嵩明县	1526704
21	昆明市	禄劝县	1464998
22	昆明市	寻甸县	1437654
23	昆明市	石林县	1170737
24	南昌市	安义县	1092728
25	昆明市	富民县	1057278
26	太原市	阳曲县	621886
27	太原市	古交市	605742
28	太原市	娄烦县	310226

（二）居民储蓄存款余额

2020 年，昆明市的 7 个县（市）和中部地区下辖的 21 个县（市）的居民储蓄存款余额排名比较如下。

安宁市为第 16 名，宜良县为第 19 名，嵩明县为第 21 名，寻甸县为第 23 名，石林县为第 24 名，禄劝县为第 25 名，富民县为第 27 名，以上 7 个县（市）与排名第 1 的湖南省长沙市的长沙县，居民储蓄存款余额分别相差了 444.02 亿元、518.40 亿元、566.75 亿元、587.89 亿元、621.84 亿元、622.60 亿元、640.96 亿元。

由上可见，昆明市的 7 个县（市）与中部地区下辖的 21 个县（市）相比均处于中等偏下水平，排名靠后的富民县处于倒数第 2 的水平。

表 6 - 6　2020 年昆明市 7 个县（市）和中部地区省会城市下辖的
21 个县（市）的居民储蓄存款余额

排序	省会城市名	县（区）名	居民储蓄存款余额（亿元）
1	长沙市	长沙县	712.51
2	长沙市	浏阳市	634.22
3	长沙市	宁乡市	552.05
4	南昌市	南昌县	506.19
5	郑州市	中牟县	491.03
6	郑州市	新郑市	462.49
7	合肥市	庐江县	429.74
8	郑州市	新密市	400.71
9	合肥市	肥东县	399.31
10	郑州市	巩义市	382.21
11	合肥市	肥西县	355.56
12	郑州市	荥阳市	320.88

续表

排序	省会城市名	县（区）名	居民储蓄存款余额（亿元）
13	南昌市	进贤县	319.13
14	合肥市	巢湖市	313.22
15	郑州市	登封市	310.03
16	昆明市	安宁市	268.49
17	合肥市	长丰县	220.44
18	太原市	清徐县	220.06
19	昆明市	宜良县	194.11
20	太原市	古交市	171.91
21	昆明市	嵩明县	145.76
22	南昌市	安义县	126.36
23	昆明市	寻甸县	124.62
24	昆明市	石林县	90.67
25	昆明市	禄劝县	89.91
26	太原市	阳曲县	74.47
27	昆明市	富民县	71.55
28	太原市	娄烦县	42.45

（三）普通中学在校学生数

2020 年，昆明市的 7 个县（市）和中部地区下辖的 21 个县（市）的普通中学在校学生数排名比较如下。

寻甸县为第 16 名，安宁市为第 18 名，宜良县为第 19 名，嵩明县为第 21 名，石林县为第 23 名，禄劝县为第 24 名，富民县为第 26 名，以上 7 个县（市）与排名第 1 的河南省郑州市的登封市，普通中学在校学生数分别相差了 55479 人、68960 人、69494 人、71802 人、74457 人、74542 人、76914 人。

由上可见，昆明市的 7 个县（市）与中部地区下辖的 21 个县（市）相比均处于中等偏下水平，排名靠后的富民县处于倒数第 3 的水平。

表 6-7　2020 年昆明市 7 个县（市）和中部地区省会城市下辖的
21 个县（市）的普通中学在校学生数排名

排序	省会城市名	县（区）名	普通中学在校学生数（人）
1	郑州市	登封市	87849
2	长沙市	浏阳市	77722
3	南昌市	南昌县	69497
4	合肥市	肥东县	64145
5	长沙市	宁乡市	63565
6	郑州市	新郑市	59659
7	郑州市	中牟县	54165
8	合肥市	庐江县	51679
9	郑州市	新密市	51401
10	长沙市	长沙县	50907
11	南昌市	进贤县	49486
12	合肥市	长丰县	39848
13	合肥市	巢湖市	39766
14	郑州市	巩义市	39632
15	郑州市	荥阳市	35293
16	昆明市	寻甸县	32370
17	合肥市	肥西县	29418
18	昆明市	安宁市	18889
19	昆明市	宜良县	18355
20	太原市	清徐县	17906
21	昆明市	嵩明县	16047
22	南昌市	安义县	13860
23	昆明市	石林县	13392
24	昆明市	禄劝县	13307
25	太原市	古交市	11474
26	昆明市	富民县	10935
27	太原市	阳曲县	10426
28	太原市	娄烦县	4557

（四）医疗卫生机构床位数

2020 年，昆明市的 7 个县（市）和中部地区下辖的 21 个县（市）的医疗卫生机构床位数排名比较如下。

安宁市为第 10 名，寻甸县为第 15 名，禄劝县为第 18 名，宜良县为第 20 名，嵩明县为第 21 名，石林县为第 22 名，富民县为第 27 名，以上 7 个县（市）与排名第 1 的湖南省长沙市的浏阳市，医疗卫生机构床位数分别相差了 7180 张、8240 张、8975 张、9286 张、9419 张、9863 张、11111 张。

由上可见，昆明市的 7 个县（市）中，除了安宁市排名第 10 名，与中部地区下辖的 21 个县（市）相比处于中等偏上水平以外，其余 6 个县均处于中等偏下水平，排名靠后的富民县处于倒数第 2 的水平。

表 6-8　2020 年昆明市 7 个县（市）和中部地区省会城市下辖的
21 个县（市）的医疗卫生机构床位数

排序	省会城市名	县（区）名	医疗卫生机构床位数（张）
1	长沙市	浏阳市	11586
2	长沙市	宁乡市	8286
3	郑州市	新郑市	7365
4	南昌市	南昌县	6414
5	郑州市	新密市	6183
6	长沙市	长沙县	5839
7	郑州市	登封市	5793
8	合肥市	庐江县	4775
9	合肥市	长丰县	4543
10	昆明市	安宁市	4406
11	合肥市	肥东县	4287
12	郑州市	巩义市	4242

排序	省会城市名	县（区）名	医疗卫生机构床位数（张）
13	合肥市	巢湖市	4112
14	郑州市	中牟县	3390
15	昆明市	寻甸县	3346
16	郑州市	荥阳市	3110
17	合肥市	肥西县	3023
18	昆明市	禄劝县	2611
19	南昌市	进贤县	2505
20	昆明市	宜良县	2300
21	昆明市	嵩明县	2167
22	昆明市	石林县	1723
23	太原市	阳曲县	1590
24	太原市	古交市	1426
25	南昌市	安义县	1173
26	太原市	清徐县	862
27	昆明市	富民县	475
28	太原市	娄烦县	391

（五）昆明下辖7个县（市）的优势和短板

1. 昆明的优势

在昆明市的7个县（市）中，选择医疗卫生机构床位数排名第10的安宁市，与中部地区省会城市下辖的21个县（市）中医疗卫生机构床位数排名第1的湖南省长沙市下辖的浏阳市，以及排名倒数第1的山西省太原市下辖的娄烦县作分析比较。

安宁市的医疗卫生机构床位数排名第10，比排名第1的浏阳市少7180张，比排名倒数第1的娄烦县多4015张。

2. 昆明的短板

在昆明市的7个县（市）中，选择各个指标排名倒数前5的县（市），和中部地区省会城市下辖的21个县（市）中各个指标排名第 1 和倒数第 1 的县（市）作分析比较。

（1）富民县

富民县的地区生产总值排名倒数第 4，比排名第 1 的长沙市下辖的长沙县少 17026151 万元，比排名倒数第 1 的娄烦县多 747052 万元；

富民县的居民储蓄存款余额排名倒数第 2，比排名第 1 的长沙县少 640.96 亿元，比排名倒数第 1 的娄烦县多 29.1 亿元；

富民县的医疗卫生机构床位数排名倒数第 2，比排名第 1 的长沙市下辖的浏阳市少 11111 张，比排名倒数第 1 的娄烦县多 84 张。

（2）禄劝县的居民储蓄存款余额排名倒数第 4，比排名第 1 的长沙县少 622.60 亿元；比排名倒数第 1 的娄烦县多 47.46 亿元。

（3）石林县的居民储蓄存款余额排名倒数第 5，比排名第 1 的长沙县少 621.84 亿元；比排名倒数第 1 的娄烦县多 48.22 亿元。

三　昆明与西部地区省会城市下辖的县（市）比较

西部地区除了昆明市以外，共计 10 个省会城市下辖 50 个县（市），分别为：内蒙古自治区呼和浩特市下辖的 5 个县（旗）、广西壮族自治区南宁市下辖的 5 个县（市）、重庆市下辖的 12 个县（市）、四川省成都市下辖的 8 个县（市）、贵州省贵阳市下辖的 4 个县（市）、西藏自治区拉萨市下辖的 5 个县（市）、陕西省西安市下辖的 2 个县（市）、甘肃省兰州市下辖 3 个县（市）、宁夏回族自治区银川市下辖的 3 个县（市）（其中代管 1 个县级市）、新疆维吾尔自治区乌鲁木齐市下辖的 1 个县（市）、青海省西宁市下辖的 2 个县（市）。

（一）地区生产总值

2020 年，昆明市的 7 个县（市）和西部地区省会城市下辖的 50 个县（市）的地区生产总值排名比较如下。

安宁市为第 1 名，宜良县为第 21 名，嵩明县为第 31 名，禄劝县为第 32 名，寻甸县为第 33 名，石林县为第 39 名，富民县为第 43 名，除安宁市以外，其余 6 个县与排名第 2 的四川省成都市的简阳市，地区生产总值分别相差了 3406795 万元、3992641 万元、4054347 万元、4081691 万元、4348608 万元、4462067 万元。

由上可见，昆明市的 7 个县（市）中，除了安宁市排名第 1 名，与西部地区省会城市下辖的 50 个县（市）相比处于领先水平，宜良县排名第 21 名，处于中等偏上水平以外，其余 5 个县均处于中等偏下水平。

表 6 - 9　　2020 年昆明市 7 个县（市）和西部地区省会城市
下辖的 50 个县（市）的地区生产总值

排序	省会城市名	县（区）名	地区生产总值（万元）
1	昆明市	安宁市	5723616
2	成都市	简阳市	5519345
3	银川市	灵武市	5332318
4	成都市	彭州市	5073716
5	成都市	金堂县	4688881
6	重庆市	云阳县	4625856
7	重庆市	垫江县	4448260
8	成都市	都江堰市	4416962
9	重庆市	忠县	4276498
10	成都市	崇州市	4058530
11	成都市	邛崃市	3508380

续表

排序	省会城市名	县（区）名	地区生产总值（万元）
12	重庆市	丰都县	3354218
13	重庆市	奉节县	3231391
14	南宁市	横县	3204449
15	重庆市	秀山县	3012682
16	成都市	大邑县	3006678
17	贵阳市	清镇市	2809118
18	南宁市	宾阳县	2799583
19	重庆市	彭水县	2450974
20	贵阳市	开阳县	2370368
21	昆明市	宜良县	2112550
22	重庆市	酉阳县	2011515
23	呼和浩特市	土默特左旗	1911800
24	重庆市	巫山县	1887691
25	贵阳市	修文县	1885808
26	呼和浩特市	和林格尔县	1825400
27	成都市	蒲江县	1781848
28	兰州市	榆中县	1717436
29	重庆市	石柱县	1710536
30	贵阳市	息烽县	1528131
31	昆明市	嵩明县	1526704
32	昆明市	禄劝县	1464998
33	昆明市	寻甸县	1437654
34	银川市	贺兰县	1432909
35	西安市	蓝田县	1429600
36	呼和浩特市	托克托县	1421900
37	西安市	周至县	1394400
38	西宁市	大通县	1185876
39	昆明市	石林县	1170737

续表

排序	省会城市名	县（区）名	地区生产总值（万元）
40	兰州市	永登县	1126080
41	银川市	永宁县	1101948
42	重庆市	巫溪县	1101708
43	昆明市	富民县	1057278
44	南宁市	隆安县	993852
45	南宁市	上林县	905743
46	南宁市	马山县	901272
47	兰州市	皋兰县	809995
48	呼和浩特市	清水河县	658900
49	重庆市	城口县	552025
50	呼和浩特市	武川县	512000
51	拉萨市	墨竹工卡县	392500
52	乌鲁木齐市	乌鲁木齐县	282336
53	西宁市	湟源县	261575
54	拉萨市	当雄县	220000
55	拉萨市	曲水县	182300
56	拉萨市	林周县	153500
57	拉萨市	尼木县	101000

（二）居民储蓄存款余额

2020 年，昆明市的 7 个县（市）和西部地区省会城市下辖的 50 个县（市）的居民储蓄存款余额排名比较如下。

安宁市为第 14 名，宜良县为第 18 名，嵩明县为第 30 名，寻甸县为第 32 名，石林县为第 40 名，禄劝县为第 41 名，富民县为第 45 名，以上 7 个县（市）与排名第 1 的四川省成都市的简阳市，居民储蓄存款余额分别相差了 344.50 亿元、418.88 亿元、467.23 亿元、488.37 亿元、522.32 亿元、523.08 亿元、541.44 亿元。

由上可见，昆明市的 7 个县（市）中，除了安宁市和宜良县分别排名第 14 名和第 18 名，与西部地区省会城市下辖的 50 个县（市）相比处于中等偏上水平以外，其余 5 个县均处于中等偏下水平。

表 6 – 10　　2020 年昆明市 7 个县（市）和西部地区省会城市
下辖的 50 个县（市）的居民储蓄存款余额

排序	省会城市名	县（区）名	居民储蓄存款余额（亿元）
1	成都市	简阳市	612.99
2	成都市	彭州市	519.91
3	成都市	都江堰市	509.63
4	成都市	崇州市	473.17
5	重庆市	云阳县	421.10
6	重庆市	忠县	416.23
7	成都市	邛崃市	379.20
8	成都市	金堂县	362.78
9	重庆市	垫江县	340.34
10	成都市	大邑县	324.20
11	重庆市	丰都县	321.95
12	南宁市	横县	279.72
13	重庆市	奉节县	269.04
14	昆明市	安宁市	268.49
15	南宁市	宾阳县	224.83
16	重庆市	酉阳县	213.34
17	重庆市	石柱县	212.85
18	昆明市	宜良县	194.11
19	兰州市	榆中县	193.13
20	重庆市	彭水县	192.72
21	西安市	周至县	186.90
22	成都市	蒲江县	182.21

续表

排序	省会城市名	县（区）名	居民储蓄存款余额（亿元）
23	西安市	蓝田县	182.20
24	重庆市	秀山县	176.93
25	重庆市	巫山县	171.37
26	银川市	贺兰县	170.87
27	贵阳市	清镇市	162.20
28	重庆市	巫溪县	150.84
29	银川市	灵武市	148.44
30	昆明市	嵩明县	145.76
31	银川市	永宁县	130.43
32	昆明市	寻甸县	124.62
33	兰州市	永登县	119.22
34	西宁市	大通县	116.55
35	南宁市	隆安县	105.68
36	贵阳市	修文县	101.89
37	南宁市	上林县	100.13
38	呼和浩特市	土默特左旗	96.37
39	贵阳市	开阳县	95.90
40	昆明市	石林县	90.67
41	昆明市	禄劝县	89.91
42	兰州市	皋兰县	85.67
43	南宁市	马山县	84.66
44	重庆市	城口县	78.44
45	昆明市	富民县	71.55
46	呼和浩特市	托克托县	67.92
47	贵阳市	息烽县	67.88
48	呼和浩特市	和林格尔县	67.02
49	呼和浩特市	武川县	51.89
50	呼和浩特市	清水河县	48.53

排序	省会城市名	县（区）名	居民储蓄存款余额（亿元）
51	西宁市	湟源县	39.94
52	乌鲁木齐市	乌鲁木齐县	10.98
53	拉萨市	曲水县	6.66
54	拉萨市	墨竹工卡县	6.53
55	拉萨市	林周县	4.96
56	拉萨市	当雄县	4.45
57	拉萨市	尼木县	3.77

（三）普通中学在校学生数

2020 年昆明市的 7 个县（市）和西部地区省会城市下辖的 50 个县（市）的普通中学在校学生数排名比较如下。

寻甸县为第 15 名，安宁市为第 29 名，宜良县为第 31 名，嵩明县为第 33 名，石林县为第 38 名，禄劝县为第 39 名，富民县为第 42 名，以上 7 个县（市）与排名第 1 的四川省成都市的简阳市，普通中学在校学生数分别相差了 34200 人、47681 人、48215 人、50523 人、53178 人、53263 人、55635 人。

由上可见，昆明市的 7 个县（市）中，除了寻甸县排名第 15，与西部地区省会城市下辖的 50 个县（市）相比处于中等偏上水平以外，其余 6 个县（市）均处于中等偏下水平。

表 6 - 11　　2020 年昆明市 7 个县（市）和西部地区省会城市
下辖的 50 个县（市）的普通中学在校学生数排名

排序	省会城市名	县（区）名	普通中学在校学生数（人）
1	成都市	简阳市	66570
2	南宁市	横县	63158
3	重庆市	云阳县	62745
4	重庆市	忠县	59536

续表

排序	省会城市名	县（区）名	普通中学在校学生数（人）
5	重庆市	酉阳县	55230
6	南宁市	宾阳县	51749
7	重庆市	垫江县	51454
8	重庆市	奉节县	49298
9	重庆市	丰都县	46000
10	重庆市	彭水县	40701
11	成都市	金堂县	37807
12	重庆市	秀山县	33868
13	贵阳市	清镇市	32687
14	重庆市	巫山县	32579
15	昆明市	寻甸县	32370
16	重庆市	石柱县	30738
17	重庆市	巫溪县	27368
18	西宁市	大通县	26293
19	南宁市	马山县	25945
20	成都市	彭州市	25155
21	成都市	都江堰市	25006
22	西安市	周至县	24950
23	西安市	蓝田县	24154
24	南宁市	上林县	23097
25	成都市	邛崃市	23031
26	南宁市	隆安县	22790
27	成都市	崇州市	22682
28	兰州市	榆中县	21637
29	昆明市	安宁市	18889
30	银川市	永宁县	18684
31	昆明市	宜良县	18355
32	贵阳市	开阳县	16217

续表

排序	省会城市名	县（区）名	普通中学在校学生数（人）
33	昆明市	嵩明县	16047
34	银川市	灵武市	15814
35	银川市	贺兰县	15416
36	重庆市	城口县	15182
37	兰州市	永登县	14901
38	昆明市	石林县	13392
39	昆明市	禄劝县	13307
40	贵阳市	息烽县	12670
41	成都市	大邑县	11171
42	昆明市	富民县	10935
43	贵阳市	修文县	10630
44	呼和浩特市	土默特左旗	9819
45	呼和浩特市	托克托县	9735
46	成都市	蒲江县	8892
47	呼和浩特市	和林格尔县	8527
48	西宁市	湟源县	6073
49	呼和浩特市	清水河县	4118
50	呼和浩特市	武川县	3790
51	兰州市	皋兰县	3429
52	拉萨市	当雄县	2521
53	乌鲁木齐市	乌鲁木齐县	2024
54	拉萨市	林周县	1992
55	拉萨市	墨竹工卡县	1906
56	拉萨市	尼木县	1319
57	拉萨市	曲水县	818

（四）医疗卫生机构床位数

2020 年，昆明市的 7 个县（市）和西部地区省会城市下辖的 50 个县（市）的医疗卫生机构床位数排名比较如下。

安宁市为第 14 名，寻甸县为第 18 名，禄劝县为第 24 名，宜良县为第 26 名，嵩明县为第 30 名，石林县为第 36 名，富民县为第 48 名，以上 7 个县（市）与排名第 1 的四川省成都市的简阳市，医疗卫生机构床位数分别相差了 3885 张、4945 张、5680 张、5991 张、6124 张、6568 张、7816 张。

由上可见，昆明市的 7 个县（市）中，安宁市、寻甸县、禄劝县和宜良县分别排名第 14 名、第 18 名、第 24 名和第 26 名，与西部地区的其他 50 个县（市）相比处于中等偏上水平，嵩明县和石林县分别排名第 30 名和第 36 名，处于中等偏下水平，排名靠后的富民县处于倒数第 10 名的水平。

表 6 - 12　　2020 年昆明市 7 个县（市）和西部地区省会城市
下辖的 50 个县（市）的医疗卫生机构床位数

排序	省会城市名	县（区）名	医疗卫生机构床位数（张）
1	成都市	简阳市	8291
2	成都市	都江堰市	7081
3	成都市	金堂县	6955
4	成都市	彭州市	6911
5	成都市	崇州市	6396
6	重庆市	奉节县	5682
7	重庆市	云阳县	5378
8	成都市	邛崃市	5140
9	重庆市	垫江县	5004
10	重庆市	丰都县	4971
11	重庆市	忠县	4969
12	成都市	大邑县	4693
13	南宁市	横县	4451
14	昆明市	安宁市	4406

续表

排序	省会城市名	县（区）名	医疗卫生机构床位数（张）
15	南宁市	宾阳县	4389
16	重庆市	石柱县	3894
17	重庆市	秀山县	3474
18	昆明市	寻甸县	3346
19	重庆市	酉阳县	3298
20	重庆市	彭水县	2960
21	重庆市	巫山县	2796
22	贵阳市	清镇市	2740
23	南宁市	上林县	2614
24	昆明市	禄劝县	2611
25	兰州市	榆中县	2383
26	昆明市	宜良县	2300
27	西安市	周至县	2285
28	西安市	蓝田县	2194
29	南宁市	隆安县	2190
30	昆明市	嵩明县	2167
31	南宁市	马山县	2113
32	重庆市	巫溪县	2026
33	兰州市	永登县	1915
34	西宁市	大通县	1846
35	贵阳市	开阳县	1833
36	昆明市	石林县	1723
37	成都市	蒲江县	1630
38	银川市	灵武市	1562
39	贵阳市	修文县	1526
40	贵阳市	息烽县	1478
41	重庆市	城口县	1209
42	银川市	贺兰县	1099

续表

排序	省会城市名	县（区）名	医疗卫生机构床位数（张）
43	呼和浩特市	土默特左旗	760
44	银川市	永宁县	594
45	呼和浩特市	托克托县	559
46	西宁市	湟源县	538
47	呼和浩特市	和林格尔县	531
48	昆明市	富民县	475
49	呼和浩特市	武川县	428
50	兰州市	皋兰县	425
51	呼和浩特市	清水河县	386
52	乌鲁木齐市	乌鲁木齐县	215
53	拉萨市	墨竹工卡县	143
54	拉萨市	曲水县	87
55	拉萨市	尼木县	70
56	拉萨市	林周县	65
57	拉萨市	当雄县	63

（五）昆明下辖7个县（市）的优势和短板

昆明的优势：在昆明市下辖的7个县（市）中，选择地区生产总值排名第1的安宁市，与西部地区省会城市下辖的50个县（市）中生产总值排名第1的成都市下辖的简阳市，以及排名倒数第1的拉萨市下辖的尼木县作分析比较。

安宁市的地区生产总值排名第1，比排名第2的简阳市多204271万元，比排名倒数第1的尼木县多5622616万元。

昆明的其余6个县（市）的所有指标均处于中等水平，无明显短板。

四　昆明与东北地区省会城市下辖的 县（市）比较

东北地区共计 3 个省会城市下辖 16 个县（市），分别为：辽宁省沈阳市下辖的 3 个县（市）、吉林省长春市下辖的 4 个县（市）（其中代管 3 个县级市）和黑龙江省哈尔滨市下辖的 9 个县（市）。

（一）地区生产总值

2020 年，昆明市的 7 个县（市）和东北地区省会城市下辖的 16 个县（市）的地区生产总值排名比较如下。

安宁市为第 1 名，宜良县为第 8 名，嵩明县为第 12 名，禄劝县为第 13 名，寻甸县为第 14 名，石林县为第 16 名，富民县为第 19 名，除安宁市以外，其余 6 个县与排名第 2 的吉林省长春市的公主岭市，地区生产总值分别相差了 1034926 万元、1620772 万元、1682478 万元、1709822 万元、1976739 万元、2090198 万元。

由上可见，昆明市的 7 个县（市）中，除了安宁市排名第 1 名，与东北地区省会城市下辖的 16 个县（市）相比处于领先水平，宜良县排名第 8 名，处于中等偏上水平以外，其余 5 个县均处于中等偏下水平。

表 6-13　2020 年昆明市 7 个县（市）和东北地区省会城市下辖的
16 个县（市）的地区生产总值

排序	省会城市名	县（区）名	地区生产总值（万元）
1	昆明市	安宁市	5723616
2	长春市	公主岭市	3147476
3	长春市	农安县	2923069

排序	省会城市名	县（区）名	地区生产总值（万元）
4	哈尔滨市	五常市	2832934
5	长春市	榆树市	2694494
6	沈阳市	新民市	2578576
7	长春市	德惠市	2493000
8	昆明市	宜良县	2112550
9	沈阳市	法库县	1833200
10	哈尔滨市	尚志市	1784967
11	哈尔滨市	宾县	1733319
12	昆明市	嵩明县	1526704
13	昆明市	禄劝县	1464998
14	昆明市	寻甸县	1437654
15	哈尔滨市	巴彦县	1227306
16	昆明市	石林县	1170737
17	沈阳市	康平县	1146450
18	哈尔滨市	依兰县	1115564
19	昆明市	富民县	1057278
20	哈尔滨市	通河县	892324
21	哈尔滨市	木兰县	826862
22	哈尔滨市	延寿县	671468
23	哈尔滨市	方正县	661187

（二）居民储蓄存款余额

2020年，昆明市的7个县（市）和东北地区省会城市下辖的16个县（市）的居民储蓄存款余额排名比较如下。

安宁市为第7名，宜良县为第9名，嵩明县为第13名，寻甸县为第15名，石林县为第18名，禄劝县为第19名，富民县为第22名，以上7个县（市）与排名第1的吉林省长春市的公主岭市，居民储蓄存款余额分别相差了196.94亿元、271.32亿元、319.67 亿元、340.81 亿元、374.76 亿元、375.52 亿元、393.88 亿元。

　　由上可见，昆明市的 7 个县（市）中，安宁市和宜良县分别排名第 7 和第 9，与东北地区省会城市下辖的 16 个县（市）相比处于中等偏上水平，嵩明县、寻甸县、禄劝县和石林县处于中等偏下水平，富民县排名靠后，处于倒数第 2 名的水平。

表 6-14　2020 年昆明市 7 个县（市）和东北地区省会城市下辖的
16 个县（市）的居民储蓄存款余额

排序	省会城市名	县（区）名	居民储蓄存款余额（亿元）
1	长春市	公主岭市	465.43
2	长春市	农安县	426.58
3	长春市	德惠市	347.41
4	长春市	榆树市	318.27
5	沈阳市	新民市	309.42
6	哈尔滨市	五常市	281.22
7	昆明市	安宁市	268.49
8	哈尔滨市	尚志市	229.38
9	昆明市	宜良县	194.11
10	哈尔滨市	宾县	188.85
11	哈尔滨市	巴彦县	169.82
12	沈阳市	法库县	154.30
13	昆明市	嵩明县	145.76
14	沈阳市	康平县	125.75
15	昆明市	寻甸县	124.62
16	哈尔滨市	方正县	119.16
17	哈尔滨市	依兰县	114.96
18	昆明市	石林县	90.67
19	昆明市	禄劝县	89.91

排序	省会城市名	县（区）名	居民储蓄存款余额（亿元）
20	哈尔滨市	通河县	82.11
21	哈尔滨市	延寿县	77.20
22	昆明市	富民县	71.55
23	哈尔滨市	木兰县	67.02

（三）普通中学在校学生数

2020 年，昆明市的 7 个县（市）和东北地区省会城市下辖的 16 个县（市）的普通中学在校学生数排名比较如下。

寻甸县为第 5 名，安宁市为第 9 名，宜良县为第 11 名，嵩明县为第 12 名，石林县为第 13 名，禄劝县为第 14 名，富民县为第 18 名，以上 7 个县（市）与排名第 1 的吉林省长春市的公主岭市，普通中学在校学生数分别相差了 25528 人、39009 人、39543 人、41851 人、44506 人、44591 人、46963 人。

由上可见，昆明市的 7 个县（市）中，寻甸县排名第 5 名，与东北地区省会城市下辖的 16 个县（市）相比处于领先水平，安宁市、宜良县处于中等偏上水平，嵩明县、石林县和禄劝县处于中等偏下水平，富民县排名最低，处于倒数第 6 名的水平。

表 6 - 15　2020 年昆明市 7 个县（市）和东北地区省会城市下辖的
16 个县（市）的普通中学在校学生数

排序	省会城市名	县（区）名	普通中学在校学生数（人）
1	长春市	公主岭市	57898
2	长春市	农安县	50750
3	长春市	榆树市	46273
4	长春市	德惠市	36203
5	昆明市	寻甸县	32370

续表

排序	省会城市名	县（区）名	普通中学在校学生数（人）
6	哈尔滨市	宾县	23351
7	沈阳市	新民市	22862
8	哈尔滨市	五常市	19896
9	昆明市	安宁市	18889
10	哈尔滨市	巴彦县	18801
11	昆明市	宜良县	18355
12	昆明市	嵩明县	16047
13	昆明市	石林县	13392
14	昆明市	禄劝县	13307
15	沈阳市	康平县	12987
16	沈阳市	法库县	12977
17	哈尔滨市	尚志市	12027
18	昆明市	富民县	10935
19	哈尔滨市	方正县	8214
20	哈尔滨市	木兰县	8208
21	哈尔滨市	延寿县	7484
22	哈尔滨市	依兰县	6770
23	哈尔滨市	通河县	5563

（四）医疗卫生机构床位数

2020 年，昆明市的 7 个县（市）和东北地区省会城市下辖的 16 个县（市）的医疗卫生机构床位数排名比较如下。

安宁市为第 3 名，寻甸县为第 6 名，禄劝县为第 9 名，宜良县为第 10 名，嵩明县为第 12 名，石林县为第 15 名，富民县为第 23 名，以上 7 个县（市）与排名第 1 的吉林省长春市的公主岭市，医疗卫生机构床位数分别相差了 2342 张、3402 张、4137 张、4448 张、4581 张、5025 张、6273 张。

由上可见，昆明市的 7 个县（市）中，安宁市和寻甸县分别排名第 3 和第 6，与东北地区省会城市下辖的 16 个县（市）相比处于领先水平，禄劝县和宜良县处于中等偏上水平，嵩明县和石林县处于中等偏下水平，只有富民县水平最低，排名倒数第 1。

表 6 - 16　2020 年昆明市 7 个县（市）和东北地区省会城市下辖的
16 个县（市）的医疗卫生机构床位数

排序	省会城市名	县（区）名	医疗卫生机构床位数（张）
1	长春市	公主岭市	6748
2	长春市	农安县	4588
3	昆明市	安宁市	4406
4	长春市	德惠市	4002
5	长春市	榆树市	3619
6	昆明市	寻甸县	3346
7	哈尔滨市	五常市	3321
8	沈阳市	新民市	2792
9	昆明市	禄劝县	2611
10	昆明市	宜良县	2300
11	哈尔滨市	尚志市	2246
12	昆明市	嵩明县	2167
13	哈尔滨市	巴彦县	2058
14	哈尔滨市	宾县	1844
15	昆明市	石林县	1723
16	沈阳市	康平县	1354
17	哈尔滨市	依兰县	1329
18	哈尔滨市	方正县	1168
19	沈阳市	法库县	1056
20	哈尔滨市	通河县	951
21	哈尔滨市	木兰县	856
22	哈尔滨市	延寿县	775
23	昆明市	富民县	475

（五）昆明下辖7个县（市）的优势和短板

1. 昆明的优势

在昆明市的7个县（市）中，选择地区生产总值排名第1以及医疗卫生机构床位数排名第3的安宁市，和东北地区省会城市下辖的16个县（市）中地区生产总值以及医疗卫生机构床位数分别排名第1或第2，以及倒数第1或第3的县（市）作分析比较。

（1）安宁市的地区生产总值排名第1，比排名第2的长春市下辖的公主岭市多2576140万元，比排名倒数第1的哈尔滨市下辖的方正县多5062429万元；

（2）安宁市的医疗卫生机构床位数排名第3，比排名第1的长春市下辖的公主岭市少2342张，比排名倒数第3的哈尔滨市下辖的延寿县多3631张。

2. 昆明的短板

在昆明市的7个县（市）中，选择各个指标排名倒数前5的县（市），和东北地区省会城市下辖的16个县（市）中各个指标排名第1或第2，以及倒数第1的县（市）作分析比较。

（1）富民县

富民县的地区生产总值排名倒数第5，比排名第2的公主岭市少2090198万元，比排名倒数第1的方正县多396091万元；

富民县的居民储蓄存款余额排名倒数第2，比排名第1的公主岭市少393.88亿元，比排名倒数第1的哈尔滨市下辖的木兰县多4.53亿元；

富民县的医疗卫生机构床位数排名倒数第1，比排名第1的公主岭市少6273张。

（2）禄劝县的居民储蓄存款余额排名倒数第5，比排名第1的公主岭市少375.52亿元，比排名倒数第1的木兰县多22.89亿元。

第七章　昆明与南亚、东南亚国家社会治理现代化比较

根据昆明市关于建设面向南亚、东南亚区域性国际中心城市的战略目标定位，2022年昆明社会治理现代化指数报告开始跟踪比较分析昆明与南亚、东南亚国家社会治理现代化水平，以更好地研判昆明建设区域性中心城市每年度的社会治理现代化水平，跟踪反映昆明建设区域性中心城市的不同特点、不同水平的历史轨迹。

本章选择南亚与东南亚的缅甸、泰国、柬埔寨、越南、菲律宾、马来西亚、文莱、印度尼西亚、东帝汶、新加坡等18个国家与昆明进行社会治理现代化比较。①

一　人口密度比较

由表7-1数据可见，昆明的人口密度排在第4位，为每平方千米393.9人；排在第1位的是新加坡，人口密度为每平方千米7919.0人；排在最后的是老挝，为每平方千米31.5人，比昆明的人口密度低362.4人。

人口密度并非越高越好，过高的人口密度会导致城市拥堵、治安与卫生问题、公共资源紧张等问题。昆明的人口分布较为

① 南亚、东南亚国家的数据来源为《国际统计年鉴2022》，昆明市数据来源为《云南统计年鉴2022》。

均衡，能够保证良好的居住、卫生以及经济发展的条件。同时，广阔的城市面积也保证了昆明有良好的发展空间，是吸引大企业商业投资的重要条件之一。

表 7-1　　　　　　昆明与南亚、东南亚国家人口密度比较

国家/城市	人口密度（人/平方千米）	排名
中国昆明	393.9	4
印度	464.1	3
巴基斯坦	286.5	8
孟加拉国	1265.2	2
斯里兰卡	354.3	6
缅甸	82.0	13
泰国	136.6	9
柬埔寨	94.7	11
老挝	31.5	14
越南	310.6	7
菲律宾	367.5	5
马来西亚	98.5	10
新加坡	7919.0	1
文莱	83.0	12

二　GDP、人均 GDP 比较

由表 7-2 数据可见，昆明的 GDP 排在第 10 名，人均 GDP 排在第 3 位，人均 GDP 比排在第 1 位的新加坡低 59591 美元，比排在末位的尼泊尔多 11980 美元。

显然，虽然昆明的 GDP 排在第 10 名，但人均 GDP 排在第 3 名，仅次于新加坡与文莱，在东南亚地区也处于领先地位，原因在于：一是昆明地处中国—东盟自由贸易区、大湄公河次区域、泛珠三角经济圈交汇点，是中国面向南亚与东南亚开放的

重要门户。特别是作为中老泰铁路、中缅铁路的起点，昆明打通了联通内外的关键节点；二是 2022 年 5 月，昆明市正式托管西双版纳傣族自治州勐腊县磨憨镇，共建国际口岸城市，成为中国唯一拥有"边境口岸"称号的省会城市，与自贸试验区昆明片区、昆明经开区、昆明综合保税区，形成"四区"政策叠加优势。

表 7 - 2　　　　昆明与南亚、东南亚国家的 GDP、人均 GDP 比较

国家/城市	GDP（亿美元）	排名	人均 GDP（美元）	排名
中国昆明	1120	10	13203	3
印度	31734	1	2277	14
巴基斯坦	3463	9	1538	16
孟加拉国	4163	4	2503	13
斯里兰卡	845	11	3815	8
尼泊尔	363	13	1223	18
不丹	23	18	3001	11
马尔代夫	49	17	8995	5
缅甸	651	12	1187	19
泰国	5060	3	7233	6
柬埔寨	270	14	1591	15
老挝	188	15	2551	12
越南	3626	8	3694	9
菲律宾	3941	6	3549	10
马来西亚	3727	7	11371	4
新加坡	3970	5	72794	1
文莱	140	16	31723	2
印度尼西亚	11861	2	4292	7
东帝汶	20	19	1458	17

三　人均预期寿命、每年人口增长率比较

由表7-3数据可知，昆明的人均预期寿命为80.0岁，排名
第2；排在首位的是新加坡，人均预期寿命为83.7岁，昆明比
新加坡低3.7岁；排在末位的为缅甸，人均预期寿命为67.4
岁，昆明的人均预期寿命比缅甸高12.6岁。

人均预期寿命是衡量一个国家或地区现阶段经济社会发展
水平及医疗卫生服务水平的综合指标。这个指标是联合国千年
发展目标的重要内容，中国首次将其列为五年规划纲要指标之
一，意味着中国走进全面改善民生的新阶段。

根据权威医学期刊《柳叶刀》刊出的一项健康指标评估报
告，新加坡人不管是预期寿命或健康预期寿命，在全球都排名
第一，足以看出新加坡的养老制度、生活环境、医疗水平和医
疗设施均处于全球领先水平。与东南亚国家相比，中国昆明的
人均预期寿命仅次于作为发达国家的新加坡。昆明2020年的人
均预期寿命为80.0岁，比"十二五"时期末的77.92岁增加了
2.08岁。昆明的人均预期寿命提升快，反映了昆明的经济社会
开始转向高质量发展，人民生活水平不断提高，医疗水平和医
疗设施不断进步。

表7-3　　　　昆明与南亚、东南亚国家的人均预期寿命比较

国家/城市	人均预期寿命（岁）	排名
中国昆明	80.0①	2
印度	69.9	12
巴基斯坦	67.4	14
孟加拉国	72.9	8

---

①　为方便与其他国家相比，采用2020年数据。

续表

国家/城市	人均预期寿命（岁）	排名
斯里兰卡	77.1	4
缅甸	67.4	14
泰国	77.3	3
柬埔寨	70.1	11
老挝	68.2	13
越南	75.5	7
菲律宾	71.4	10
马来西亚	76.3	5
新加坡	83.7	1
文莱	76.0	6
印度尼西亚	71.9	9

由表 7-4 数据可知，昆明的人口增长率排在第 4 名，为 1.4%；排在首位的是巴基斯坦和东帝汶，人口增长率均为 1.9%，昆明的人口增长率比巴基斯坦和东帝汶低 0.5 个百分点。排在末位的为新加坡，人口增长率为 -4.2%，昆明的人口增长率比新加坡高 5.6 个百分点。

表 7-4　　　　昆明与南亚、东南亚国家的人口增长率比较

国家/城市	人口增长率（%）	排名
中国昆明	1.4	4
印度	1.0	11
巴基斯坦	1.9	1
孟加拉国	1.0	11
斯里兰卡	1.1	9
尼泊尔	1.8	3
不丹	1.1	9
马尔代夫	0.6	17

续表

国家/城市	人口增长率（%）	排名
缅甸	0.7	16
泰国	0.2	18
柬埔寨	1.4	4
老挝	1.4	4
越南	0.8	15
菲律宾	1.3	7
马来西亚	1.3	7
新加坡	−4.2	19
文莱	0.9	14
印度尼西亚	1.0	11
东帝汶	1.9	1

　　昆明人口增长较慢的原因主要有两点：一是生育率降低。育龄妇女数量的持续下降，人们生育时间的推迟，以及生育养育成本的提高造成昆明的人口增速放缓；二是流入人口减少。城乡结构优化使得云南省其他地区的农村人口在家乡即可找到适合自己的工作岗位，进城务工人员数量明显减少。产业结构优化提高了对流动人口的质量要求，传统、低端制造业已经很难再维持正常的生产经营，因此，其接纳就业的能力也将降低。取而代之的是新兴产业、高端装备制造业、互联网等，这些产业对劳动者综合能力和素质的要求很高，无论是农民工还是综合能力不强的城市居民，都将很难找到适合自己的岗位。

　　相反，那些具有较高素质的人员，就业的空间则会越来越大、渠道越来越宽。流动人口的结构也开始发生变化，流动人口数量减少。这种由产业结构优化带来的流动人口减少，无疑是经济转型取得了巨大成就的表现，也是改革开放进程中必然会出现的现象。

四　空气中不足2.5微米的颗粒物
（PM2.5）含量比较

由表7-5数据可知，昆明的空气中不足2.5微米的颗粒物（以下简称PM2.5）含量排在第7名，为每立方米24.0微克，排在第1名的是文莱，PM2.5含量为每立方米5.9微克，比昆明低每立方米18.1微克；排在末位的是印度，PM2.5含量为每立方米90.9微克，比昆明每立方米高66.9微克。

表7-5　　昆明与南亚、东南亚国家的空气中不足2.5微米的
颗粒物（PM2.5）含量比较

国家/城市	空气中不足2.5微米的颗粒物（PM2.5）含量（微克/立方米）	排名
中国昆明	24.0	7
印度	90.9	15
巴基斯坦	58.3	13
孟加拉国	60.8	14
斯里兰卡	11.1	2
缅甸	35.6	12
泰国	26.3	10
柬埔寨	25.6	9
老挝	25.1	8
越南	29.6	11
菲律宾	18.1	5
马来西亚	16.0	3
新加坡	19.1	6
文莱	5.9	1
印度尼西亚	16.5	4

美国芝加哥大学能源政策研究所（EPIC）于 2022 年公布的一项研究显示，新德里居民预期寿命将会由于空气污染缩短 10 年。空气质量是影响居民生活质量的一个重要参数，伴随城市发展，部分城市的空气污染加重，居民更易出现呼吸道疾病、心血管疾病等。权威医学杂志《柳叶刀》将空气污染定为导致死亡的第 4 个最重要风险因素，每年大约有 667 万人因为空气污染死亡。

2022 年 12 月 29 日，《新周刊》发布"2022 十大公园城市"榜单，昆明榜上有名，公园数量位列全国第三，昆明的空气质量优良率达 100%，在全国省会城市中排名前列。昆明作为云南省会城市和享誉世界的"春城"，自然风光、历史人文极富魅力，处处好山、好水、好生态，建设公园城市有得天独厚的条件和优势。为此，昆明市提出要深入贯彻落实习近平总书记考察云南重要讲话精神和对滇池保护治理的重要指示批示精神，坚持生态优先、绿色发展，把滇池沿岸打造成"绿水青山就是金山银山"实践创新基地、公园城市建设的核心引领，让大观楼长联描述的"五百里滇池"美丽画卷早日重现。

五　森林覆盖率比较

根据表 7-6，昆明的森林覆盖率为 52.6%，排在第 4 名；排在首位的是文莱，森林覆盖率为 72.1%，昆明的森林覆盖率比文莱低 19.5 个百分点；排在末位的是巴基斯坦，森林覆盖率为 4.8%，比昆明低 47.8 个百分点。

表7-6　　　　　　昆明与南亚、东南亚国家的森林覆盖率比较

国家/城市	森林覆盖率（%）	排名
中国昆明	52.6	4
印度	24.3	11
巴基斯坦	4.8	15
孟加拉国	14.5	14
斯里兰卡	34.2	10
缅甸	43.7	8
泰国	38.9	9
柬埔寨	45.7	7
老挝	71.9	2
越南	46.7	6
菲律宾	24.1	12
马来西亚	58.2	3
新加坡	21.7	13
文莱	72.1	1
印度尼西亚	49.1	5

森林覆盖率是指森林面积占土地总面积的比率，是反映一个国家（或地区）森林资源和林地资源实际水平的重要指标。森林具有吸收二氧化碳释放氧气、吸毒、除尘、杀菌、净化污水、降低噪音、防止风沙、调节气候等作用，为改善地球的生态环境，提高森林覆盖率对人类的意义非常重大。

六　失业率比较

通过表7-7数据可知，昆明的失业率排在第7名，为3.9%；失业率最低的是柬埔寨，为0.3%，比昆明低3.6个百分点；失业率最高的是巴基斯坦，为6.3%，比昆明高2.4个百分点。

表 7 - 7　　　　　　　　　昆明与东南亚国家的失业率

国家/城市	失业率（%）	排名
中国昆明	3.9	7
印度	4.7①	8
巴基斯坦	6.3	11
孟加拉国	5.3②	10
不丹	5.0③	9
泰国	1.1④	2
柬埔寨	0.3⑤	1
越南	2.4	3
菲律宾	2.5⑥	4
新加坡	3.5	5
印度尼西亚	3.8	6

2022 年，昆明市落实落细就业优先政策，升级完善"昆明智慧就业"信息平台，着力解决重点群体就业问题。2022年 1—11 月，全市城镇新增就业 21.14 万人，城镇登记失业率控制在 5% 以内。⑦ 前三季度，城乡居民可支配收入分别增长2.9%、6.8%。

① 2020 年数据。
② 2020 年数据。
③ 2020 年数据。
④ 2020 年数据。
⑤ 2020 年数据。
⑥ 2020 年数据。
⑦ 《前三季度，昆明城乡居民可支配收入分别增长 2.9% 和6.8%》，春城晚班—开屏新闻网，https：//www. kunming. cn/news/c/2022 - 12 - 30/13645127. shtml。

七 2021年每千人口执业医师数、每千人口医疗卫生机构床位数比较

由表7-8数据可知，昆明的每千人口执业医师数为4.0人，排名第1；排在末位的柬埔寨为0.2人，昆明比柬埔寨多3.8人。

表7-8　　昆明与南亚、东南亚国家的每千人口执业医师数、
每千人口医疗卫生机构床位数比较

国家/城市	每千人口执业医师数（人）	排名	每千人口医疗卫生机构床位数（张）	排名
中国昆明	4.0	1	7.6	1
印度	0.9	8	0.5	12
巴基斯坦	1.1	7	0.6	10
孟加拉国	0.6	12		
斯里兰卡	1.2	5	3.5	2
缅甸	0.7	10	0.7	9
泰国	0.9	8	2.1	5
柬埔寨	0.2	15	0.8	8
老挝	0.3	14		
越南	0.7	10	2.9	3
菲律宾	1.3	4	1.1	7
马来西亚	1.2	5	1.8	6
新加坡	1.7	2		
文莱	1.4	3	2.5	4
印度尼西亚	0.5	13	0.6	10

注：表中个别数据缺失。

昆明的每千人口医疗卫生机构床位数为7.6张，排名第1；排在末位的印度为0.5张，昆明比印度多7.1张。

昆明的每千人口执业医师数和每千人口医疗卫生机构床位数在南亚与东南亚地区均处于领先地位，昆明的医疗资源丰富。2022 年，昆明市卫生健康系统持续认真落实全面从严治党的主体责任，坚持标本兼治，切实以巡察整改推动卫生健康事业发展。全面加强公立医院党建工作，认真贯彻落实党委领导下的院长负责制。持续实施"清廉医院"建设，不断巩固整治行业不正之风成果，着力构建风清气正的医疗执业环境。

八　对昆明社会治理现代化的建议

此处提出以下三点建议。

一是把"富民优先"作为经济发展新阶段以及解决基尼系数拉大问题的重大经济政策，对低收入者实施积极的税收扶持政策。首先是完善支持农业发展的税收政策措施。农业的基础地位和弱质产业特性，要求政府在取消农业税之后，进一步在提高农业生产专业化和规模化水平、大力发展农业产业集群、健全现代农产品市场体系等方面给予政策支持，对农业生产资料采取更加优惠的增值税税率，降低生产资料价格，减轻农民负担；其次是加大对中小企业的扶持力度，使民营经济得到长足发展。昆明中小企业在解决社会就业、维护社会稳定方面发挥的重要作用是显而易见的；最后是加大对城镇下岗失业人员再就业的税收支持力度，推进就业和再就业。

二是提高昆明市的人口增长率。一方面，提高生育率，让已婚育龄夫妻生得起、养得起，必须完善相关配套政策，如完善生育休假和生育保险制度，保障女性合法权益，强化 0—3 岁婴幼儿托幼服务，完善住房税收等奖励政策；另一方面，提高昆明对外地人口的吸引力，不断提升城市人气，以宜居环境吸引人，以重大产业项目聚集人。

三是全面提升国际竞争力吸引力影响力。着力打造国际循环的门户枢纽，将昆明打造成为区域性国际中心城市，城市建设展现"国际范"，把自贸试验区昆明片区建成区域性国际中心城市先行区，打造一批与国际接轨的"专精特新"特色优势产业，并且在"国际化"发展过程中打好"民族特色牌"。

参考文献

《中共中央关于党的百年奋斗重大成就和历史经验的决议》，人民出版社 2021 年版。

习近平：《习近平谈治国理政》第 3 卷，外文出版社 2020 年版。

中共中央宣传部：《习近平新时代中国特色社会主义思想学习问答》，人民出版社 2021 年版。

国务院发展研究中心公共管理与人力资源研究所：《社会治理的理论与实践探索》，中国发展出版社 2018 年版。

中国社会科学院国家法治指数研究中心、中国社会科学院法学研究所法治指数创新工程项目组：《社会治理：新时代"枫桥经验"的线上实践》，中国社会科学出版社 2019 年版。

卜宪群：《习近平新时代治国理政的历史观》，中国社会科学出版社 2019 年版。

程连元主编：《昆明社会治理发展报告（2019）》，中国社会科学出版社 2019 年版。

冯仕政：《社会治理新蓝图》，中国人民大学出版社 2017 年版。

龚维斌等：《中国社会治理创新之路——中国道路·社会建设卷》，经济科学出版社 2019 年版。

孔卫英：《改革开放以来中国社会治理思想研究》，中国社会科学出版社 2018 年版。

李长健：《中国农村社会治理法治化研究基于社区发展的视角》，湖北人民出版社 2015 年版。

连玉明：《中国社会治理创新报告2019》，社会科学文献出版社2020年版。

李军：《区域经济社会治理能力研究》，社会科学文献出版社2018年版。

潘家华，《生态文明建设的理论构建与实践探索》，中国社会科学出版社2019年版。

孙柏瑛：《城市基层政府社会治理体制机制的现代转型》，中国社会科学出版社2020年版。

孙莉莉：《特大城市社会治理：立足基层社区的考察》，上海交通大学出版社2019年版。

佟岩、刘娴静：《社区建设与社会治理创新》，知识产权出版社2015年版。

王利敏、孟莉编：《社会治理视野下的社会工作发展》，河北人民出版社2015年版。

魏礼群编：《社会治理：新思想，新实践，新境界》，中国言实出版社2018年版。

魏礼群编：《社会治理通论》，北京师范大学出版社2019年版。

张峰：《大城治理：基于精细化目标的特大城市智慧治理研究》，上海人民出版社2020年版。

张静：《社会治理：组织、观念与方法》，商务印书馆2019年版。

张康之：《社会治理的经络》，社会科学文献出版社2020年版。

张翼编：《社会治理与城乡一体化》，社会科学文献出版社2015年版。

统计年鉴

中华人民共和国国家统计局编：《中国统计年鉴2021》，中国统计出版社2021年版。

中华人民共和国国家统计局编：《中国统计年鉴2020》，中国统计出版社 2020 年版。

中华人民共和国国家统计局编：《中国统计年鉴 2019》，中国统
　　计出版社 2019 年版。

《中国省市经济发展年鉴》编委会编：《中国省市经济发展年鉴
　　2019—2020》，中国财政经济出版社 2021 年版。

国家统计局农村社会经济调查司编：《中国县域统计年鉴
　　2020》，中国统计出版社 2020 年版。